Michaela Hövermann
Philipp Silbernagel
Waldemar Erdmann

Bewerbung schreiben und Bewerbungsgespräch meistern

Polizei, Bundeswehr, Zoll, Feuerwehr, Öffentlicher Dienst

Vorlagen – Tipps – Beispiele

Bewerbungstraining für Ausbildung, Studium und Praktikum mit den häufigsten Fragen und Antworten

Plakos

Herausgeber:
Plakos GmbH
Vertretungsberechtigte Geschäftsführer:
Waldemar Erdmann, Philipp Silbernagel
Sitz: D-23858 Barnitz, Westerauer Straße 12
Redaktion: Sonja Waldschuk

Website und Kontakt:
www.plakos-akademie.de
YouTube: Plakos
Facebook: PlakosTests
E-Mail: info@plakos.de
WhatsApp: +49 (0)172 633 63 96

Bildnachweis Cover:
© GaudiLab, # 162374224, stock.adobe.com

Sonstige Abbildungen im Buch wurden, wenn nicht anders angegeben, von Plakos erstellt.

Bewerbungsverfahren erfolgreich meistern?

Die Plakos GmbH hat bereits tausende Bewerber mit Büchern, Online-Kursen, Apps und Seminaren auf die Berufswahl, Einstellungstests und Assessment Center vorbereitet. Die angesehenen Online-Tests von Plakos wurden millionenfach absolviert. Dieses Buch dient speziell als Bewerbungstraining für Polizei, Bundeswehr, Zoll, Feuerwehr und den öffentlichen Dienst.

Plakos

Dein Feedback ist uns wichtig!

Sollten dir Fehler in diesem Buch auffallen oder solltest du unzufrieden mit den Inhalten oder einem unserer Produkte sein, so schreibe uns gerne eine E-Mail an phil@plakos.de oder kontaktiere uns über WhatsApp unter +49 (0)172 633 63 96. Wir antworten schnellstmöglich!

1. Auflage
Michaela Hövermann
Philipp Silbernagel
Waldemar Erdmann

Danksagung

Unser Dank gilt vor allem den Interviewpartnern und Bewerbern, die mit ihren zahlreichen Zuschriften, Erfahrungsberichten und Vorschlägen dieses Buch erst möglich gemacht haben. Vielen Dank für eure Mithilfe sowie eure Kommentare und Nachrichten auf YouTube, Facebook und anderen Kanälen!

Außerdem bedanken wir uns bei allen internen und externen Mitarbeitern, welche einen wesentlichen Anteil an dem Buch hatten.

Inhaltsverzeichnis

Vorwort

Liebe Leserin, lieber Leser,
du planst, eine Beamtenlaufbahn im mittleren, gehobenen oder höheren Dienst bei der Landespolizei, Bundespolizei, Feuerwehr, Bundeswehr oder dem Zoll einzuschlagen? Wir unterstützen dich dabei!

Hier findest du kompakt und übersichtlich

- Wissenswertes rund um das Bewerbungsverfahren im öffentlichen Dienst,
- wie eine überzeugende Bewerbung aufgebaut ist,
- was dich beim Sporttest, Einstellungstest, der ärztlichen Untersuchung, beim Assessment Center und in den Gruppenarbeiten erwartet,
- die meistgestellten Fragen im Vorstellungsgespräch,
- jede Menge Hinweise und Tipps,
- praktische Mustervorlagen sowie
- Interviews mit erfolgreichen Kandidaten.

Für eine Tätigkeit bei der Polizei, der Feuerwehr, der Bundeswehr oder dem Zoll musst du ein hohes Maß an körperlicher und seelischer Belastbarkeit mitbringen. Du solltest möglichst konkrete Vorstellungen und tiefgehendes Hintergrundwissen zu deinem Wunschberuf besitzen.

Im öffentlichen Dienst ist die Durchfallquote im Bewerbungsverfahren hoch. In den meisten Fällen liegt es daran, dass die Bewerber nicht gut genug vorbereitet waren. Das wollen wir ändern. Je intensiver du diesen Bewerbungsratgeber durcharbeitest, desto entspannter kannst du in das Bewerbungsverfahren eintauchen.

Viel Spaß beim Lesen und viel Erfolg!

Tipps:

- Bereite dich umfassend und intensiv vor.
- Informiere dich zusätzlich bei einem Einstellungsberater.
- Ein persönliches Gespräch solltest du unbedingt in Anspruch nehmen.
- Die Zugangsvoraussetzungen und Testverfahren unterscheiden sich von Bundesland zu Bundesland. Sie können sich darüber hinaus kurzfristig ändern. Informiere dich darum auf den Websites der jeweiligen Organisation wegen der aktuellen Modalitäten.

Hinweise:
Aus Gründen der Lesefreundlichkeit wird auf Gendering verzichtet. Die gewählte Personenform gilt wertfrei für beide Geschlechter.

Die Namen aller Interviewpartner wurden von der Redaktion geändert.

1 Allgemeine Bewerbungsgrundlagen

Vollständige Bewerbungsunterlagen für Polizei, Bundeswehr, Zoll und Feuerwehr bestehen im Allgemeinen aus:

- Bewerbungsanschreiben (eine Seite),
- Lebenslauf (bis zu zwei Seiten) mit Foto,
- Schulzeugnissen, Arbeitszeugnisse, Zertifikaten

Alternativ kannst du ein Deckblatt mit deinen Daten und deinem Foto gestalten. Bei einer Bewerbung auf Papier kommt das Anschreiben ganz oben auf die Unterlagen. Es ist gewissermaßen der Begleitbrief zu deiner Bewerbung. Dann folgen dein Deckblatt, dein Lebenslauf, deine Zeugnisse und Zertifikate. Achtung: Oft wird explizit darum gebeten, nur eine Loseblattsammlung einzuschicken. In dem Fall solltest du unbedingt auf eine Bewerbungsmappe, Hefter, Klarsichthüllen und Ähnliches verzichten.

Bewerbungsunterlagen im öffentlichen Dienst

Ein Anschreiben ist nicht überall nötig. Bei der Bundespolizei, der Landespolizei und der Bundeswehr gilt in der Regel das Gleichheitsprinzip. Das heißt, alle Bewerber füllen einen Bewerbungsbogen beziehungsweise einen Personalbogen aus. Das genügt. In Hamburg und Sachsen-Anhalt wird dennoch ein Anschreiben verlangt. Die Anforderungen können sich kurzfristig ändern. Informiere dich vorab, welche Unterlagen du einreichen musst.

1.1 Anschreiben

Ein Anschreiben beginnt üblicherweise mit einer knappen Einleitung, in der du den Grund für deine Bewerbung darlegen solltest. Anschließend folgen Informationen deiner Schulbildung und deinem bisherigen Werdegang. Zusätzliche Qualifikationen und eventuell ein Hinweis auf (zu deinem Berufswunsch passende) Hobbys und Interessen ergänzen das Schreiben. Den Abschluss bilden eine neutrale Grußformel und deine leserliche Unterschrift (Vor- und Zuname).

Bausteine des Anschreibens

- Betreffzeile und Bezugszeile
- Einleitung und Grund für die Bewerbung
- Schulbildung, berufliche Bildung, Werdegang
- zusätzliche Qualifikationen
- Hobbys und Interessen
- Abspann und Grußformel

Zur formalen Gestaltung: Ein Bewerbungsanschreiben wird nach der Norm DIN 5008 verfasst. Das gilt für Ausdrucke und digitale Formate (*.docx- und *.pdf-Dateien) gleichermaßen. Schau dir unsere Mustervorlagen an. So ist gewährleistet, dass dir keine formalen Fehler unterlaufen.

1.1.1 Betreff- und Bezugszeile

In die Betreffzeile kommt kurz und knackig, wofür du dich bewirbst. Sei so konkret wie möglich. Sind Kennziffern oder Referenznummern in der Stellenanzeige genannt? Dann gehören sie ebenfalls in den Betreff. Du kannst die Betreffzeile entweder fett setzen oder eine höhere Schriftgröße verwenden. Die Bezugszeile befindet sich direkt unter der Betreffzeile und wird etwas kleiner und nicht fett gesetzt. Darin nimmst du Bezug auf den Ort, wo du die Stellenanzeige entdeckt hast.

Beispiele:

- **Bewerbung um eine Ausbildung zum Beamten im mittleren Zolldienst**
  Ihre Stellenanzeige auf www.zoll.de

- **Bewerbung um eine Ausbildung als Brandmeisterin**
  Ihre Stellenanzeige auf www.ausbildung.de

1.1.2 Einleitung und Grund für die Bewerbung

Wähle unbedingt einen interessanten Einstieg. „Hiermit bewerbe ich mich um ...“ oder schlimmer noch: „Hiermit möchte ich mich um ... bewerben“ sind Standardformulierungen, die dein Anschreiben nicht aus der Masse hervorstechen lassen. Außerdem steht die Information, wofür du dich bewirbst, bereits in der Betreffzeile. Vermeide generell Konjunktive („würde“, „könnte“, „hätte“, „müsste“). Sie machen dein Anschreiben schwammig. Wähle stattdessen einen selbstbewussten, individuellen Anfang. Vielleicht kannst du sogar auf einen vorherigen Kontakt anspielen.

Beispiele:

- „Herzlichen Dank für das informative Gespräch beim ‚Tag der offenen Tür‘ / auf der Berufsmesse. Wie besprochen, lasse ich Ihnen nun meine Bewerbungsunterlagen zukommen.“
- „Das spannende Gespräch mit meinem Einstellungsberater hat mir bewusst gemacht, dass der Beruf des Polizisten für mich genau das Richtige ist. Darum bewerbe ich mich heute bei Ihnen.“
- „Bereits als Kind wollte ich unbedingt Berufsfeuerfrau werden. Im Alter von 10 wurde ich Mitglied der Jugendfeuerwehr. Seit meinem 16. Lebensjahr fahre ich bei Einsätzen mit.“
- „Meine Vorliebe für Recht und Gerechtigkeit hat dazu geführt, dass ich nach dem bestandenen Abitur zunächst eine Ausbildung als Rechtsanwaltsfachangestellte abgeschlossen habe. Nun möchte ich meinen eigentlichen Berufswunsch

verwirklichen und in den gehobenen Polizeivollzugsdienst (Laufbahnabschnitt II) eintreten."

- „Mich interessiert der Schutz von Wirtschaft und Umwelt gleichermaßen. Daher ist es mein Ziel, den Diplomstudiengang „Gehobener nichttechnischer Zolldienst des Bundes" zu absolvieren und Zollbeamter zu werden. Mein Abitur habe ich mit der Note 1,4 bestanden."

1.1.3 Schulbildung, berufliche Bildung, Werdegang

Hier schilderst du, welchen Schulabschluss du erreicht hast und gehst auf deine beruflichen Erfahrungen ein. (Falls du deine Einleitung direkt damit begonnen hast, kannst du diesen Punkt überspringen oder konkretisieren.) Vielleicht hast du bereits eine Ausbildung absolviert. Oder du bewirbst dich mit abgeschlossenem oder abgebrochenem Studium. Möglicherweise bist du Zeitsoldat und interessierst dich für den Wechsel in den Polizeidienst. Jede Bewerberbiografie ist einzigartig. Lege überzeugend dar, was du bisher erreicht hast. Verweise auf deine Stärken, herausragende Noten oder deinen Notendurchschnitt, wenn er sich sehen lassen kann.

Beispiele:

- „Die Realschule werde ich im Juli 20XX mit dem erweiterten Sekundarabschluss I verlassen. Meine leistungsstärksten Fächer sind Deutsch (Note: 2), Mathematik (Note: 2) und Sport (Note: 1)."
- „Zurzeit besuche ich die 10. Klasse der Sophie-Scholl-Oberschule, die ich mit dem Sekundarabschluss I (Durchschnitt: 3,2) abschließen werde. Meine Lieblingsfächer sind Sport (Note: 2), Physik (Note: 3) und Werte und Normen (Note: 3)."
- „Das Ernst-Moritz-Arndt-Gymnasium habe ich 20XX mit dem Abitur (Durchschnitt: 1,7) erfolgreich abgeschlossen. Im Anschluss habe ich ein BWL-Studium aufgenommen und mit dem Bachelor (Note: 1,0) beendet."

- „Nach meinem erfolgreich bestandenen Fachabitur (Durchschnitt: 3,2) habe ich ein Fachhochschulstudium für angewandte Informatik aufgenommen."
- „Nach dem erfolgreichen Abschluss der Hauptschule habe ich eine Ausbildung als Tischler absolviert und drei weitere Jahre in diesem Bereich gearbeitet."

1.1.4 Zusätzliche Qualifikationen

Hier kannst du alles nennen, was mit deinem Wunschberuf bei der Polizei, der Feuerwehr, beim Zollamt oder der Bundeswehr in Verbindung gebracht werden kann. Dazu zählen ehrenamtliche Tätigkeiten wie beispielsweise die Mitgliedschaft bei der freiwilligen Feuerwehr, die Arbeit als gesetzlicher Betreuer oder die Mitarbeit in einem Jugendclub. Auch die aktive Mitwirkung bei Fußball- oder Handballvereinen sind eine Erwähnung wert. Alles, was soziale Verantwortungsbereitschaft, Kommunikationsfähigkeit und Organisationstalent signalisiert, ist als zusätzliche Qualifikation geeignet.

Hier kannst du selbstverständlich auch Spezialkenntnisse erwähnen. Vielleicht bist du ein Sprachtalent? Bewerber mit Migrationshintergrund haben häufig den Vorteil, mehrsprachig aufgewachsen zu sein und neben den in der Schule erlernten Sprachen (Englisch, Französisch oder Spanisch) fließend Griechisch, Türkisch oder Arabisch zu sprechen.

Auch IT-Kenntnisse, in Kursen erworbene Zusatzqualifikationen und sonstige Zertifikate kannst du mit einbringen. Voraussetzung: Es ist ein Bezug zu deinem Berufswunsch erkennbar oder ohne viel Fantasie herstellbar.

Beispiele:

- „Da ich als Kind russischer Eltern zweisprachig aufgewachsen bin, spreche ich Russisch und Deutsch fließend. Außerdem verfüge ich über verhandlungssichere Englischkenntnisse. Um meine Sprechfähigkeiten weiter zu verbessern, habe ich in den letzten Sommerferien in einem Hotel in Scarborough ein vierwöchiges Praktikum absolviert."

- „Neben meinem Studium habe ich an der Universität Regensburg eine studienbegleitende IT-Ausbildung absolviert. Ich verfüge über die Zertifikate: …"
- „Parallel zu meiner Berufstätigkeit als Bürokaufmann habe ich ein Fernstudium als Fitnesscoach bei der SGD abgeschlossen. Da ich zusätzlich zu dem theoretischen Kurs an den beiden Praxisseminaren teilgenommen und die Abschlussprüfung mit Erfolg gemeistert habe, verfüge ich über das SGD-Zertifikat „Geprüfter Fitnesscoach (SGD) inkl. Fitnesstrainer-A/B-Lizenz und Personal-Trainer-Lizenz (Medical Fitness)".
- „Aufgrund meiner Fußballbegeisterung und meiner Freude am Umgang mit Menschen habe ich bereits mit 15 Jahren die Ausbildung zum DFB-Junior-Coach gemacht und anschließend die C-Lizenz erworben. Seit mehreren Jahren trainiere ich Mannschaften auf Kreisebene."
- „Neben der Schule bin ich in der Jugendarbeit aktiv. Ich besitze die ‚Juleica' (Jugendleiter-Card), den bundesweit anerkannten Ausweis für ehrenamtliche Mitarbeiter in der Jugendarbeit."

1.1.5 Hobbys und Interessen

Auch hier gilt: Erwähnenswert ist nur, was wenigstens ansatzweise zu deinem angestrebten Beruf passt. Die Beschäftigung mit Seidenmalerei, das Lesen von Science-Fiction-Romanen und dein Faible für Naturkosmetik kannst du gern weglassen. Anders sieht es bei sportlichen Hobbys aus: Wer gern tanzt, Mitglied in der DLRG ist, im Verein Volleyball spielt oder reitet, beweist körperliche Fitness und bei Mannschaftssportarten auch Teamgeist. Bewirbst du dich für den Polizeidienst? Dann ist im Falle des Reitens sogar eine mögliche Spezialisierung bereits angedeutet (Reiterstaffel).

Hobbys, die gemeinsam mit anderen Menschen ausgeübt werden, sind generell interessanter für Bewerbungen als solche, die dich als

Eigenbrötler erscheinen lassen. Immerhin gehört Kommunikationsstärke zu den Schlüsselqualifikationen, die du unbedingt mitbringen solltest.

Verzichte darauf, nichtssagende Allerweltbeschäftigungen wie „Lesen“ zu nennen. Jeder liest irgendwann mal irgendetwas. Ein Hobby soll deine Persönlichkeit abrunden, dich als Bewerber für die Laufbahn bei Polizei, Zoll, Feuerwehr oder Bundeswehr interessant machen und im Idealfall Kenntnisse ergänzen, die du in deinem Beruf gebrauchen kannst. Ohne Konkretisierung („Ich lese regelmäßig ‚Die Zeit‘, um politisch und kulturell auf dem Laufenden zu bleiben“) sammelst du mit „Lesen“ keine Pluspunkte.

Verzichte darauf, überwiegend passive Hobbys wie fernsehen und Musik hören zu nennen. Das Gaming wird – selbst wenn es interaktiv stattfindet – nach wie vor kontrovers betrachtet. Lasse es besser unerwähnt. Wenn du einen Teamsport (Fußball, Hockey, Basketball) angibst, bewegst du dich auf der sicheren Seite.

Beispiele:

- „Ich bin seit fünf Jahren Kapitän einer Handballmannschaft.“ (Dieses Hobby zeigt Organisationstalent und Führungsqualitäten.)
- „In meiner Freizeit studiere ich mit meiner Theatergruppe klassische Stücke ein, die wir in der Schule aufführen.“ (Hier ist Kommunikationstalent gefragt. Außerdem beweist du mit diesem Hobby ein hervorragendes Gedächtnis.)
- „Zu meinen Leidenschaften gehört das Fotografieren von Menschen. Ich habe einen Blick für Stimmungen und Details.“ (Dieses Hobby verrät eine gute Beobachtungsgabe und Sinn für Feinheiten.)
- „Außerdem interessiere ich mich für andere Kulturen. Meine Urlaube nutze ich für Individual- und Sprachreisen.“ (Das ist ein Hinweis auf interkulturelle Kompetenzen. Darüber hinaus zeigst du, dass du bereits vorhandene Sprachkenntnisse gezielt ausbaust.)

- „Am Wochenende gebe ich jungen Flüchtlingen Deutschunterricht und unterstütze sie bei den Hausaufgaben.“ (Soziales Engagement wird in der Freizeit gern gesehen.)
- „Als Angehöriger der Freiwilligen Feuerwehr pumpe ich unter anderem bei Überschwemmungen vollgelaufene Keller aus, errichte Ölsperren zum Schutz der Umwelt oder befreie Straßen von umgestürzten Bäumen.“

1.1.6 Abspann und Grußformel

„Habe ich Ihr Interesse geweckt? Dann freue ich mich auf die Einladung zu einem Vorstellungsgespräch.“ Diese Formulierung galt früher als optimaler, kommunikativer Abspann. Allerdings haben unzählige Bewerber sie immer wieder eingesetzt, sodass du damit keine Sympathiepunkte mehr sammeln kannst. Was daran einmal neu war, hat sich längst abgenutzt.

Bei Bewerbungsanschreiben für die Polizei kannst du das Ende kurzhalten. Erfüllst du die Zugangsvoraussetzungen, wirst du zum Einstellungsauswahlverfahren eingeladen. Bei der Bundeswehr ist eine Bewerbung ohnehin nicht notwendig. Bei Zoll und Feuerwehr kannst du etwas ausführlicher werden. Eine Möglichkeit: Binde deinen Wohnort mit ein.

Beispiele:

- „Ich freue mich auf Ihre Nachricht. Mit freundlichen Grüßen ...“
- „Ich freue mich auf die Einladung zum Einstellungsauswahlverfahren. Mit freundlichen Grüßen aus Hildesheim ...“
- „Dem weiteren Bewerbungsverfahren sehe ich mit Freude entgegen. Mit freundlichen Grüßen nach Berlin ...“
- „Auf das Einstellungsauswahlverfahren in Münster freue ich mich sehr. Mit besten Grüßen aus Bottrop ...“
- „Mit freundlichen Grüßen nach Hamburg ...“

1.2 Lebenslauf

Egal, wo du dich bewirbst, bei der Polizei, der Feuerwehr, der Bundeswehr oder beim Zoll: Der Lebenslauf ist Teil deiner Bewerbung. Er umfasst in der Regel eine Seite und präsentiert in tabellarischer Form deine wichtigsten Daten und Lebensstationen. Als Quereinsteiger mit Berufserfahrung solltest du den Fokus auf die Informationen legen, die zu deinem Wunschberuf passen. Im Idealfall enthält dein Lebenslauf kein Wort zu viel. Achte auf Formulierungen, die das Wesentliche griffig auf den Punkt bringen.

Bausteine des Lebenslaufs

- persönliche Daten
- Schulbildung
- erste berufliche Erfahrungen
- Studium / Berufsausbildung
- sonstige Kenntnisse und Qualifikationen
- Ehrenämter, Hobbys, persönliche Interessen
- Datum und Unterschrift (Vor- und Nachname)

1.2.1 Persönliche Daten

Dazu zählen der Vor- und Familienname und die Adressdaten. Außerdem solltest du deine Handynummer und E-Mail-Adresse (vorname.nachname@anbieter.de) angeben. Weitere wichtige Angaben sind dein Geburtstag und -ort. Junge Bewerber, die sich nach Beendigung von Realschule oder (Fach-)Gymnasium bewerben, brauchen ihren Familienstand nicht nennen, sofern sie ledig sind. Davon gehen Personaler ohnehin aus. Ältere Bewerber sollten auf ihren Status hinweisen („verheiratet, zwei Kinder"). Die Namen und Berufe der Eltern sowie der Geschwister müssen ebenfalls nur bei Schulabgängern erwähnt werden.

1.2.2 Schulbildung

In diesem Abschnitt listest du die Schulen mit den dazugehörigen Jahren auf, die du besucht hast. Es ist sinnvoll, deinen Lebenslauf rückwärts chronologisch aufzubauen. Dann müssen die Prüfer beim Sichten deiner Unterlagen nicht beim Besuch der Grundschule anfangen. Ihr Blick sollte gleich auf deinen zuletzt erreichten oder angestrebten Abschluss fallen. Deinen Notendurchschnitt kannst du in Klammern ergänzen. Ist er schlechter als 3,0 solltest du lieber Angaben zu deinen leistungsstärksten Fächern machen. In den Block „Schulbildung" gehören auch Auslandsaufenthalte und Arbeitsgemeinschaften.

1.2.3 Erste berufliche Erfahrungen

Als Schüler kannst du Berufserfahrungen, die aus Hospitationen, Praktika, Nebenjobs und Aushilfstätigkeiten stammen, extra aufführen. Stichworthaft solltest du dazu notieren, welche konkreten Erfahrungen du gesammelt und was du während deiner Tätigkeit in dem jeweiligen Beruf getan hast. Auch hier gilt: nur erwähnen, wenn es für deinen Berufswunsch relevant ist.

1.2.4 Studium / Berufsausbildung

In diesem Abschnitt erwähnst du dein Studium mit den relevanten Schwerpunkten einschließlich des erreichten oder angestrebten akademischen Abschlusses beziehungsweise deine Berufsausbildung.

1.2.5 Sonstige Kenntnisse und Qualifikationen

Dieser Punkt bietet Platz für deine Sprachkenntnisse und das erreichte Level (A1 – C2), EDV-Kenntnisse, sportliche Errungenschaften sowie sonstige Fähigkeiten und Qualifikationen. Wenn möglich, füge Zertifikate bei.

1.2.6 Ehrenämter, Hobbys, persönliche Interessen

Ehrenamtliche Tätigkeiten und Freizeitbeschäftigungen solltest du nennen, wenn du dich damit für deinen angestrebten Beruf qualifizierst. Wer als Klassen- oder Schulsprecher fungiert, trägt Verantwortung und beweist Führungsqualitäten. Außerdem spricht er regelmäßig vor größeren Gruppen. Gleiches gilt für ehrenamtliche Leiter von Chören oder Laienspielgruppen und Trainer. All das gehört in den Lebenslauf. Ein großes Interesse am Umweltschutz kann sich in einer aktiven Mitgliedschaft beim NABU – Naturschutzbund Deutschland niederschlagen. Auch das ist erwähnenswert! Bei Hobbys eignen sich vor allem sportliche Beschäftigungen, besonders in Vereinen. Schreibe bitte nicht „Sport“. Das ist ein nichtssagender Sammelbegriff. Formuliere konkret, was du tust: „Bei Polizei, Feuerwehr, Zoll und Bundeswehr musst du körperlich absolut fit sein. Ungeeignet dagegen sind passive Beschäftigungen wie fernsehen, Musik hören oder Gaming.

1.2.7 Datum und Unterschrift

Unter den Lebenslauf gehört das aktuelle Datum. Außerdem solltest du ihn von Hand unterschreiben. Achte auf eine leserliche Schrift.

1.3 Vorstellungsgespräch

Wenn du bis hierhin gekommen bist, darfst du mit Recht stolz auf dich sein. Jetzt geht es darum, noch einmal alles zu geben und mit Kompetenz und Persönlichkeit zu überzeugen. Was du kannst, hast du vorher in verschiedenen Tests demonstriert. Jetzt geht es vor allem darum, wer du bist, was dich antreibt und was du noch zu bieten hast. In den jeweiligen Kapiteln zu Polizei, Bundeswehr, Zoll und Feuerwehr findest du zusätzlich spezifische Fragen, die im Vorstellungsgespräch vorkommen können. **Unser Tipp: Arbeite unbedingt dieses allgemeine und zusätzlich das für dich relevante Kapitel durch!**

Jedes Vorstellungsgespräch verläuft in fünf Phasen oder Bausteinen.

Bausteine des Vorstellungsgesprächs

- Selbstvorstellung des Bewerbers
- standardisierte Fragen
- individuelle Fragen
- Fragen seitens des Bewerbers
- Verabschiedung

1.3.1 Vorbereitung

Eine gute Vorbereitung auf das Job-Interview ist die halbe Miete. Als Bewerber solltest du dich ausgiebig über die Arbeit der Landespolizei, Bundespolizei, bei Zoll, Feuerwehr oder Bundeswehr informieren. Du brauchst fundiertes Wissen über die täglichen Aufgaben, den Aufbau, die wichtigsten Entscheidungsträger, die Organisation sowie die geschichtlichen Eckdaten.

Sorgfältig recherchieren solltest du ebenfalls den Ablauf deiner geplanten Ausbildung oder deines geplanten Studiums. Kannst du exakt schildern, was dich in den nächsten Jahren erwartet? Das zeichnet dich als ernstzunehmenden Bewerber aus. Eine hilfreiche und informative Anlaufstelle dafür ist die Homepage der jeweiligen Stelle. Berufsbeschreibungen bei der Bundesagentur für Arbeit unter berufenet.arbeitsagentur.de erläutern wesentliche Eigenschaften, die du in deinem Wunschberuf mitbringen solltest. Knappe Informationen zu Ausbildung und Tätigkeiten findest du ebenfalls dort.

Entscheidend ist, dass du dir über deine Motivation Gedanken gemacht hast. Die Gründe für deine Berufswahl solltest du problemlos schlüssig auf den Punkt bringen können. Dazu gehört ebenso, welche Vor- und Nachteile der Beruf – individuell betrachtet – mit sich bringt. Die Kombination aus solidem Vorwissen und der tiefergehenden Auseinandersetzung helfen dir dabei, im Vorstellungsgespräch zu bestehen.

Einstellen kannst du dich auf Fragen zu ...

- deiner Motivation / Berufswahl,
- den Hintergründen der Polizeigeschichte, Zollgeschichte, Bundeswehr oder Feuerwehr,
- den typischen Aufgaben von Polizei, Zoll, Bundeswehr und Feuerwehr,
- den Unterschieden zwischen Landespolizei und Bundespolizei (bei einer Bewerbung bei der Polizei),
- der Ausbildung / dem Studium, die / das du absolvieren wirst.

Mit fundiertem Wissen im Hinterkopf kannst du Sachfragen sehr viel ruhiger entgegensehen. Vor allem kannst du mit einer intensiven Vorbereitung ausgefeilter antworten, als wenn die Frage: „Warum haben Sie sich bei uns beworben?“ dich bereits ins Schleudern bringt.

Zentrale Aspekte des Vorstellungsgesprächs

Letztendlich kreist das gesamte Vorstellungsgespräch um drei zentrale Aspekte:

- **die Persönlichkeit des Bewerbers** (Wer bist du? Welche Stärken und Schwächen zeichnen dich aus?)
- **die Fähigkeiten des Bewerbers** (Was kannst du? Wie viel weißt du? Welche nützlichen Qualifikationen und Vorerfahrungen bringst du mit?)
- **die Motivation des Bewerbers** (Warum willst du zu Polizei, Feuerwehr, Zoll oder Bundeswehr? Wie gut bist du informiert?)

1.3.2 Das richtige Outfit

Die Frage, was du zum Assessment Center und Einzelgespräch am besten anziehen solltest, ist schnell beantwortet: Eine ordentliche Jeans oder Stoffhose, Hemd beziehungsweise Bluse und ein dazu passender Blazer reichen vollkommen aus. Frauen können durchaus einen Rock tragen. Dabei gilt die Regel, dass dieser mindestens knielang sein sollte. Achte darauf, dass die gewählte Kleidung frisch gewaschen und gebügelt ist. Sie sollte gut sitzen. Gedeckte Farben wie grau, anthrazit oder marineblau sind bei Hose und Blazer eine bessere Wahl als schwarz. Schwarz wirkt immer etwas leblos. Um Farbe in dein Outfit zu bringen, dürfen das Hemd oder die Bluse ruhig hellblau, rosa oder gelb sein. Du kannst ebenso auf Anzug (mit oder ohne Krawatte) oder ein Kostüm zurückgreifen. Lieber etwas overdressed als underdressed erscheinen! Deine Schuhe sollten gepflegt aussehen und zum restlichen Outfit passen. Turnschuhe sind nur bei Sporttests angebracht.

Eine ordentliche Frisur (frisch geschnittene, gewaschene und frisierte Haare) gehört selbstverständlich zu einem überzeugenden Auftritt dazu. Frauen können lange Haare offen tragen, solange diese das Gesicht nicht verdecken. Seriöser wirken sie allerdings mit zusammengebundenen oder zurückgesteckten Haaren. Überleg dir vorher, welche Wirkung du erzielen möchtest! Für Männer sind eine ordentliche Rasur oder ein gepflegter Bart ein Muss. Insgesamt bist du mit einem eher konservativen Erscheinungsbild auf der sicheren Seite. Bei Make-up und Schmuck gilt die Devise: „Weniger ist mehr.“ Besser nicht übertreiben.

Nicht vergessen: Polizeibeamte, Feuerwehrleute, Angehörige von Bundeswehr und Zoll vertreten den Staat. Dementsprechend müssen sie tagtäglich ihren Vorbildcharakter unter Beweis stellen. Wenn du das berücksichtigst, beweist du, dass du diesen wesentlichen Aspekt deines angestrebten Berufs bereits verinnerlicht hast.

1.3.3 Die häufigsten Fragen im Job-Interview, gute und schlechte Antworten

Selbstvorstellung des Bewerbers
Zu Beginn des Vorstellungsgesprächs bekommst du die Gelegenheit, dich selbst vorzustellen. Typische Aufforderungen dazu sind:

- „Erzählen Sie uns etwas über sich.“
- „Am besten stellen Sie sich erst einmal vor.“
- „Wer sind Sie und warum sind Sie hier?“

Deinen Lebenslauf kennen die Prüfer bereits. Sie wollen nun deiner Persönlichkeit auf den Grund gehen, um herauszufinden, ob du ein geeigneter Anwärter für den gewählten Beruf bist. Hier solltest du wesentliche Stationen deines Lebens, die zu deinem Berufswunsch geführt haben, darstellen. Vor allem darum geht es. Den Einstieg in das Gespräch findest du, indem du deinen Namen nennst und kurz etwas zu deiner Schulbildung beziehungsweise beruflichen Vorbildung sagst. Geeignet sind außerdem passende Anekdoten, Ehrenämter und Hobbys, aber auch Nebenjobs und Vereinstätigkeiten. Kurz gesagt: Alles, was eine brauchbare Vorerfahrung darstellt oder Hinweise auf deine berufliche Eignung gibt, darfst du erwähnen. Zu ausschweifend sollte deine Selbstdarstellung allerdings nicht ausfallen. Hier ist Fingerspitzengefühl für das richtige Maß gefragt.

Gründe für Abbrüche und Kurswechsel

Hast du dein Studium abgebrochen? Deine Ausbildung nicht beendet? Vielleicht hast du einen überraschenden Kurswechsel durchgeführt. Eine ausgebildete Kinderpflegerin, die sich für eine Bewerbung beim Zoll entscheidet, oder ein Bürokaufmann, der eine Laufbahn bei der Feuerwehr anstrebt, werfen Fragen auf.

Zickzack-Lebensläufe und Brüche in deinem Lebenslauf sind kein Problem: Das macht dich als Kandidat speziell und interessant. Allerdings solltest du eine plausible Erklärung parat haben. Was führt dich auf einmal zur Polizei, zum Zoll, zur Bundeswehr oder zur Feuerwehr? Was ist deine Motivation? Mit nützlichem Vorwissen aus deiner vorherigen Berufstätigkeit oder deinem Studium kannst du punkten. Überlege, wie du deine Kenntnisse in deinen Wunschberuf einbauen kannst.

Häufige Fragen

1. „Wieso wollen Sie Ihren gut bezahlten Job kündigen und erneut in den Status eines Auszubildenden wechseln?“
2. „Warum haben Sie Ihr Studium / Ihre Ausbildung abgebrochen und sich für eine Laufbahn bei uns entschieden?“
3. Sie haben bereits zwei Ausbildungen abgebrochen. Planen Sie, diese Ausbildung bis zum Ende durchzuhalten und mit Erfolg abzuschließen? Wo sehen Sie sich in zehn Jahren?“
4. „Aus welchem Grund wollen Sie Ihren bisherigen Beruf aufgeben?“
5. „Sie sind ausgebildete Friseurin. Jetzt planen Sie eine Karriere bei der Bundeswehr. Wie ist es dazu gekommen?“

Gute Antworten

1. „Mir fehlen echte Herausforderungen im Alltag. Nach dem Abitur habe ich zwar diesen Weg gewählt, aber ich weiß heute, dass es ein Fehler war. Es füllt mich nicht aus, den ganzen Tag nur am Computer zu sitzen. Ich würde gern gesellschaftliche Verantwortung übernehmen und bei der Brandbekämpfung und Aufklärung der Bevölkerung mitwirken. Ich bin seit meinem zwölften Lebensjahr in der Freiwilligen Feuerwehr aktiv und inzwischen zum Gruppenführer

aufgestiegen. Diese Aufgabe füllt mich mehr aus als meine Arbeit im Büro."

2. „Ich wollte es lange Zeit nicht eingestehen, aber mir liegt das Studium einfach nicht. Das Fach hatte ich mir völlig anders vorgestellt. Ich habe zwei Semester intensiv BWL studiert. Meine Leistungen sind gut bis sehr gut. Aber mir fehlen die praktische Arbeit und das Teamwork, das ich aus der Oberstufe kenne. An der Uni ist man doch eher Einzelkämpfer."
3. „Auf jeden Fall! Jetzt weiß ich endlich, was ich aus meinem Leben machen will. Erst einmal möchte ich eine Ausbildung bei der Landespolizei im mittleren Dienst aufnehmen und abschließen. Aber mich reizt das SEK. Ich bin sehr sportlich, belastbar und bereit, an meine Grenzen zu gehen."
4. „Nach der Schule wusste ich noch nicht, was ich aus meinem Leben machen will. Meine Stärken liegen im sprachlich-kommunikativen Bereich. Ich spreche vier Sprachen fließend. Also entschloss ich mich zu einer Ausbildung als Flugbegleiterin. Allerdings füllt mich diese Tätigkeit einfach nicht aus. An eine Tätigkeit beim Zoll habe ich überhaupt nicht gedacht. Dabei bietet diese Arbeit alles, was ich mir wünsche: Ich kann meine Sprachkenntnisse anwenden, habe einen abwechslungsreichen Berufsalltag und trage gleichzeitig etwas zum Umweltschutz bei."
5. „Meine Interessen haben sich verändert. Ich hatte meinen Realschulabschluss schon mit knapp 16 Jahren in der Tasche. In der neunten Klasse habe ich ein Praktikum bei einem Friseursalon absolviert. Von der Chefin habe ich das Angebot bekommen, meine Ausbildung dort zu machen. Ich habe mich in dem Team sehr wohlgefühlt. Also habe ich zugesagt. Heute weiß ich, dass das eine falsche Entscheidung war."

Erklärung und Bewertung

Tendenziell gehen die Erklärungen für Abbrüche und Umschwünge in eine ähnliche Richtung: Die Theorie im Studium reicht nicht aus, denn die praktische Tätigkeit fehlt. Interessen haben sich verlagert. Oder die eigenen Erwartungen wurden nicht erfüllt.

Zu Antwort 1): Der Bewerber beschäftigt sich schon viele Jahre mit dem Thema Feuerwehr. Seine Antwort macht deutlich, dass er gern Verantwortung übernehmen und Menschen aktiv helfen würde.

Zu Antwort 2): Zwischen Schule und Studium liegen Welten. Dieser Bewerber hat nach dem Fachabitur einfach das studiert, was ihm in der Schule Spaß gemacht hat. Allerdings hat er vor allem die Teamarbeit und den Wissenstransfer in die Praxis geschätzt. Teamfähigkeit ist für eine Laufbahn bei der Polizei, beim Zoll, der Feuerwehr und der Bundeswehr sehr wichtig. Der Bewerber gibt sich also als Teamplayer zu erkennen, was einen positiven Eindruck macht. Allerdings darf er sich nicht nur auf das Team verlassen. Er muss auch eigenständige Leistungen bringen.

Zu Antwort 3): Die Frage, ob der Bewerber die nächste Ausbildung beenden wird, war ein Stück weit zu erwarten. Er hat gleich zweimal den falschen Weg gewählt. Dass er jetzt konkrete Pläne hat, zeigt, dass er sich mit dem Beruf des Polizisten und den Möglichkeiten der Spezialisierung auseinandergesetzt hat.

Zu Antwort 4): Aus der Antwort wird deutlich, dass sich die Bewerberin mit ihren Stärken auseinandergesetzt und darauf basierend eine Ausbildung aufgenommen hat. Sie fühlt sich allerdings nicht ausgelastet: Im Alltag fehlt die Abwechslung. Eine schlüssige Begründung, die nicht negativ wirkt. Mit ihren Sprachkenntnissen ist sie für den Zoll ein Gewinn. Sie kann ihr Wissen aus der Ausbildung direkt in die Arbeitswelt einbringen.

Zu Antwort 5): Diese Bewerberin war beim Einstieg in die Berufswelt noch sehr jung. Sie brauchte etwas länger Zeit, um herauszufinden, wo ihre eigentlichen Interessen liegen. Dass sie sich im Team wohlgefühlt hat, weil die Zusammenarbeit reibungslos verlief, ist für ihren jetzigen Berufswunsch positiv.

Schlechte Antworten

Es wäre ein Fehler, Ausreden zu suchen. Gib keinesfalls anderen die Schuld für Misserfolge. Wer eine Schwäche, ein Scheitern oder ein Versagen zugibt und sich dennoch wieder aufgerichtet hat, beweist Resilienz. Darunter versteht man die Fähigkeit, Krisen zu bewältigen und sie als Anlass zur Weiterentwicklung zu nutzen.

Fragen zu Leistungen in Schulfächern

Jeder Mensch hat Stärken und Schwächen. Bei Bewerbern, die sich nach der Schule bewerben, zeichnen sich diese vor allem in den Noten ab. Die Prüfer wollen innerhalb des Vorstellungsgespräches herausfinden, wie ehrlich deine Selbsteinschätzung und dein Urteilsvermögen ausfallen. Nimmst du deine Schwächen wahr? Versuchst du, daran zu arbeiten? Unzulänglichkeiten zuzugeben wird in der Regel positiv bewertet. Weniger positiv wirkt es, wenn du versuchst, anderen die Schuld für Fehler und Misserfolge in die Schuhe zu schieben oder dich in Ausreden flüchtest. Als Bewerber solltest du dich als selbstwirksam erkennen. Beweise, dass du allein die Verantwortung für dein Leben und deinen beruflichen Erfolg übernimmst.

Oft erkundigen sich die Prüfer nach deinen Leistungen in relevanten Schulfächern. Unter Umständen kommst du in eine Situation, in der du weniger optimale Leistungen in der Schule plausibel erklären musst. Du hast eine 5 in Physik oder eine 4 in Mathe? Stell dich auf Nachfragen ein.

Häufige Fragen

1. „Was waren Ihre liebsten Schulfächer? Welche mochten Sie nicht?“
2. „Wieso haben Sie in Deutsch nur eine ‚Vier‘?“
3. „Wie kommt Ihre schlechte Englischnote zustande?“
4. „Zeigt Ihre Note in Physik Ihre tatsächliche Leistungsfähigkeit?“
5. „Warum haben Sie in Französisch kein besseres Ergebnis erreicht?“

Gute Antworten

1. „Meine Lieblingsfächer waren Deutsch, Englisch und Politik. Dort habe ich die besten Ergebnisse erzielt. Sprachen und Kommunikation sind meine eigentliche Stärke. Da mich aktuelle Ereignisse sehr interessieren, lese ich regelmäßig die Tageszeitung und schaue Nachrichten. Dadurch fiel mir Politik immer leicht. Weniger Freude hatte ich an Kunst und Musik. Ich schätze zwar Malereien und klassische Musik, mir fehlt aber die künstlerische Ader."
2. „In Deutsch habe ich mein Fachabitur leider nur mit der Note ‚Ausreichend' abgeschlossen. Das sieht nicht gut aus, ich weiß. Ich bin zwar sehr gut in Rechtschreibung, Zeichensetzung und Grammatik. Allerdings liegen mir die Interpretation von Lyrik und die Dramenanalyse überhaupt nicht, obwohl ich die Stücke und Gedichte mit Interesse gelesen habe. Auf dem Lehrplan standen „Iphigenie auf Tauris" und Liebeslyrik in der Epoche der Romantik. Die Klausuren waren für mich ein Desaster. Meine Stärken liegen im Verfassen von Erörterungen, Berichten und beim materialgestützten Schreiben. Da stand ich im Schriftlichen immer auf einer glatten ‚2'."
3. „Leider habe ich in der Unter- und Mittelstufe kaum Englisch-Vokabeln gelernt. Dadurch fehlte mir später der Wortschatz, um mich beim Lesen und Analysieren von Literatur und Filmen wirklich am Unterricht beteiligen zu können. Trotzdem habe ich die Sprache immer sehr gemocht. Mein Alltagsenglisch ist gut. Ich habe nach der Schule ein Jahr in den USA als Au-Pair gearbeitet und so an meinen Defiziten im Vokabular gearbeitet".
4. „Nein, die Note zeigt nicht meine tatsächliche Leistungsfähigkeit in diesem Bereich. Mir war als Schüler einfach nicht klar, dass ich Physik später wirklich gebrauchen kann. Das habe ich mit 15 und 16 noch nicht durchschaut. Inzwischen bin ich ein ganzes Stück weiter. Ich habe die fehlenden Kenntnisse durch Onlinekurse und Webinare aufgearbeitet."

5. „Ich habe Französisch in der Oberstufe als ‚Abdecker-Fach' belegt, weil ich den Kontakt zu dieser schönen Sprache nicht verlieren wollte. Wenn man regelmäßig Unterricht hat, nimmt man doch Einiges mit, wiederholt wichtige Vokabeln und übt das Sprechen. Mein fachlicher Schwerpunkt und meine Leistungskurse waren jedoch Mathematik und die naturwissenschaftlichen Fächer. Darauf habe ich mich am meisten konzentriert und Französisch eher schleifen lassen. Unsere Abi-Fahrt hat uns nach Paris geführt. Ich konnte mich problemlos überall verständigen. Meinen Urlaub möchte ich in der Bretagne verbringen. Dort werde ich wieder viel sprechen. Mir ist es wichtig, meine Sprachkenntnisse nicht zu verlieren."

Erklärung und Bewertung

Bei Bewerbern, die sich für eine Ausbildung im mittleren Dienst interessieren, gelten Schulnoten als Anhaltspunkte für Leistungsbereitschaft und Interessen. Darum sollte der Bewerber seine Noten im Kopf haben. Von den Zensuren hängt allerdings nicht alles ab. Kritische Nachfragen solltest du nicht als persönlichen Angriff verstehen.

Zu Antwort 1: Hier pickt die Kandidatin zwei Fächer als Lieblingsfächer heraus, die für den Polizeiberuf eine wesentliche Rolle spielen: Deutsch und Englisch. Mit dem Hinweis auf Stärken im Bereich der Kommunikation zeigt die Bewerberin, dass sie weiß, worauf es im Alltag ankommt. Schließlich muss man beim Umgang mit Menschen permanent kommunizieren. Bei der Erläuterung der Politiknote lässt sie einfließen, dass sie informiert ist und sich mit der politischen Situation auskennt. Dabei verlässt sie sich nicht nur auf das Internet. Polizisten müssen sich politisch neutral verhalten. Ein gutes Allgemeinwissen in diesem Bereich ist selbstverständlich dennoch vorteilhaft. Mit der Nennung zweier für diesen Beruf unwesentlicher Fächer (Kunst und Musik) macht sie es sich leicht.

Zu Antwort 2: Der Bewerber legt dar, dass er über gute Rechtschreib- und Grammatikkenntnisse verfügt – sonst hätte er vermutlich auch den Deutsch-Test nicht bestanden. Schwächen räumt er bei der Analyse klassischer Literatur ein. Ihm liegt nach eigener Aussage das Verfassen von Sachtexten mehr. Diese Erklärung ist schlüssig und zugleich sehr geschickt: Damit schlägt der Bewerber eine Brücke zu seinem Berufswunsch. Polizisten müssen regelmäßig Protokolle erstellen und Berichte verfassen. Das Analysieren von Dramen und Lyrik ist im Berufsleben hingegen nicht gefragt. Es hinterlässt jedoch einen positiven Eindruck, dass der Bewerber die Stücke und Gedichte gern gelesen hat. Das heißt, er besitzt durchaus Gefühl für und Interesse an literarischer Bildung – solange eine Analyse nicht gefordert wird.

Zu Antwort 3: Viele Schüler haben einen gewissen Durchhänger in der Unterstufe. Gerade in Englisch entstehen so Lücken, die nur mit konsequenter Nachhilfe und viel Eigenleistung wieder geschlossen werden können. Der Englischunterricht in der Oberstufe ähnelt dem Deutschunterricht. Die Lektüre und Analyse von Literatur, die allerdings in der Regel moderner ausfällt als in Deutsch, steht im Vordergrund. Der Bewerber gesteht hier ein, dass er nicht kontinuierlich gelernt und während der Schulzeit nicht an seinem Defizit gearbeitet hat. Erst nach der Schule hat er das Problem in Angriff genommen. Durch das Auslandsjahr hat er Englisch sprechen gelernt. Für den Polizeiberuf ist wichtig, dass er ohne Sprechhemmung die Sprache wechseln kann, wenn es darauf ankommt. Dieser Anforderung wird der Bewerber dank seiner Vorerfahrung mühelos gewachsen sein.

Zu Antwort 4: Hier wird nichts beschönigt. Der Bewerber gibt seinen Fehler unumwunden zu. Viele Schüler fragen sich angesichts der Fachinhalte: „Wofür brauche ich das?" Gerade wenn sich ihr Berufswunsch noch nicht gefestigt hat, wissen sie nicht, dass ihnen die Kenntnisse in dem jeweiligen Bereich später fehlen werden. Dieser Kandidat hat sich online das nötige Wissen angeeignet. Inzwischen ist er reifer und begreift die Wichtigkeit des Fachs.

Zu Antwort 5: Im Abitur setzen alle Schüler individuelle Schwerpunkte. Fächer, die nicht ins Abitur einfließen, werden im Allgemeinen vernachlässigt. Sie werden zwar „abgedeckt", aber nicht mit speziellem Ehrgeiz verfolgt. Das zuzugeben, ist keine Schande. Die Bewerberin macht hier nicht den Fehler, das Fach Französisch abzuwerten oder schlechtzureden. Vielmehr zeigt sie, dass sie die Sprache schätzt und weiterhin sprechen will. Ihr ist bewusst, dass sie damit eine wichtige Qualifikation besitzt, die sie nicht verlieren sollte. Die Erwähnung der Kursfahrt nach Paris und der Hinweis auf ihren geplanten Urlaub sind geschickt. Damit zeigt die Bewerberin, dass sie sich im Alltag problemlos im Land selbst unter Muttersprachlern zurechtfinden kann. Das wird ihr also vermutlich ebenso gelingen, wenn sie auf Streife ist und im Dienst Französisch sprechen muss.

Schlechte Antworten

Wer für schlechte Zensuren dem Lehrer die Schuld gibt, wirkt weder erwachsen noch kritikfähig oder lernbereit. Hinweise auf vorübergehende Faulheit sind nur dann eine gute Idee, wenn du im gleichen Atemzug aufzeigen kannst, dass du inzwischen den nötigen Ehrgeiz an den Tag legst. Hast du etwa aufgrund von Faulheit in Physik nur die Note „Befriedigend" oder „Ausreichend" erzielt, solltest du dir das fehlende Wissen autodidaktisch, zum Beispiel durch Literatur oder die Teilnahme an Webinaren, angeeignet haben. Einsicht ist zwar der erste Schritt zur Besserung. Der zweite muss allerdings zeitnah folgen, um zu beweisen, dass der Bewerber sich nicht auf seiner Schwäche ausruht. Es macht generell einen guten Eindruck, sich eventuell fehlendes Wissen im Nachhinein anzueignen.

Was du unbedingt vermeiden solltest: Mobbing, familiäre Schwierigkeiten oder psychische Probleme als Ursache für deine schlechten Noten heranzuziehen. Wer aufgrund von Mobbing mündlich die Mitarbeit im Unterricht einstellt und schriftlich lediglich mittelmäßige Leistungen bringt, wird keine guten Noten im Zeugnis vorweisen können. Die mündliche Mitarbeit macht – je nach Fach – bis zu 70 Prozent der Note aus. Für den Polizeiberuf sind Durchsetzungsfähigkeit, Selbstbewusstsein, Stressstabilität und psychische Belastbarkeit wesentlich. Wer sich gegen Mobbing in der Schule nicht zur Wehr gesetzt hat, öffnet möglicherweise Zweifel an der beruflichen Eignung Tür und Tor.

Zwar können familiäre Schwierigkeiten (Streit, Scheidung der Eltern oder Ähnliches) eine intensive Belastung bedeuten. Besser ist allerdings, wenn du nicht eingestehen musst, dass deine Emotionen dich in so wichtigen Momenten wie Klassenarbeiten oder Klausuren vollkommen beherrscht und einen Misserfolg verursacht haben. Für deinen Berufs- und Lebenserfolg ist es essenziell, Gefühle lenken und deine Aufmerksamkeit auf das Wesentliche konzentrieren zu können.

Fragen zu Stärken und Schwächen
Hier wird nach Stärken und Schwächen gefragt, die direkt mit deiner Eignung für jeweiligen Beruf zu tun haben. Du solltest ehrlich antworten. Bei den Stärken kannst du dich an dem orientieren, was beispielsweise Polizeibeamte im Idealfall mitbringen sollten: körperliche und geistige Belastbarkeit, einen ausgeprägten Sinn für Gerechtigkeit, Durchsetzungsvermögen, Kommunikationsstärke, Führungsqualitäten, Toleranz und Offenheit. Selbstverständlich reicht es nicht, diese Schlagworte aufzuzählen. Deine Antwort überzeugt nur, wenn du plastische und zugleich realistische Beispiele aus deinem Leben einbringen kannst. Überlege, welche deiner Fähigkeiten dich *wirklich* für den Beruf des Polizeivollzugsbeamten im mittleren, gehobenen oder höheren Dienst zu einem idealen Kandidaten machen. Bitte Freunde und Familienangehörige um ihre Einschätzung: Wo sehen sie deine Stärken, wo deine Schwächen? Manchmal hilft ein Außenblick dabei, das eigene Profil zu schärfen.

Schwachpunkte darfst du – genau wie bei der Nachfrage zu schwächeren Schulleistungen – offen zugeben. Selbstkritik verdeutlicht, dass du dich realistisch einschätzen kannst. Es ist jedoch ratsam, Dinge zu nennen, die dich als Bewerber nicht sofort ins Aus setzen. Zeige, dass du dir bestimmter Schwächen bewusst bist – und dass du daran arbeitest, dich in diesen Punkten zu verbessern.

Häufige Fragen

1. „Warum denken Sie, dass Sie für diesen Beruf geeignet sind?“
2. „Wo sehen Sie Ihre persönlichen Stärken?“
3. „Wie gehen Sie mit Rückschlägen um?“
4. „Was sind Ihre Schwächen?“
5. „Welchen Situationen versuchen Sie auszuweichen und warum?“

Gute Antworten

1. „Ich bin körperlich sehr belastbar, denn ich treibe viel Sport und arbeite nach der Schule auf dem Bau, um mir etwas Geld dazuzuverdienen. Was mir dort wirklich gefällt, ist der Zusammenhalt unter den Kollegen. Ich arbeite gern im Team. Außerdem denke ich, dass ich in stressigen Situationen einen klaren Kopf behalte.“
2. „Meine Stärken liegen im sprachlich-kommunikativen Bereich. Ich spreche fließend Türkisch, Arabisch und Deutsch. Dazu habe ich gute Anwenderkenntnisse in Englisch und Spanisch. Außerdem bin ich als türkische, offen homosexuell lebende Frau eine gute Ansprechpartnerin für Migranten und Homosexuelle. Ich bin sportlich und mache seit Jahren Karate. Dadurch kann ich mich nicht nur verbal gut durchsetzen.“
3. „Ich bin sehr ehrgeizig. Wenn ich ein Ziel nicht erreiche, muss ich das erst mal verdauen. Zuerst überlege ich, warum ich gescheitert bin und analysiere die Situation. Mir ist bewusst, dass Schwierigkeiten immer auch Gelegenheiten sind, um etwas Neues zu lernen und daran zu wachsen. Wenn mir etwas nicht auf Anhieb gelingt, ändere ich meine Herangehensweise und versuche es noch einmal. So war es

bei meinem Fachabitur. Im zweiten Anlauf habe ich es mit einem guten Durchschnitt geschafft."

4. „Ich habe Gewichtsprobleme und bin beim Sporttest gerade so durchgekommen. Das hat mich wachgerüttelt. Ich weiß, dass ich meine Fitness unbedingt verbessern muss, wenn ich in meinem Traumberuf bestehen will. Meine Ernährung habe ich bereits ein Stück weit umgestellt. Ich esse viel gesünder als vorher. Außerdem habe ich mir fest vorgenommen, jeden Morgen laufen zu gehen."
5. „Wenn ich etwas nicht auf Anhieb verstehe oder kann, ist mir das peinlich. Manchen Leuten fliegt alles zu. Ich muss mir Vieles erarbeiten. Mir fällt es zum Beispiel schwer, Vorträge spannend zu gestalten und vor einer Gruppe vorzutragen. In der Schule bin ich immer ausgewichen, wenn Referate gehalten werden mussten. Um das Problem endlich in den Griff zu bekommen, habe ich mich für das kommende Semester bei einem Rhetorikkurs an der Volkshochschule angemeldet. Dort lerne ich, wie ich mich vor anderen präsentieren und überzeugende Vorträge halten kann."

Erklärung und Bewertung

Zu Antwort 1: Der Bewerber stellt seine körperliche Fitness und Stärke, aber auch seine Teamfähigkeit als besondere Stärken heraus. Dadurch, dass er beides begründet (der Nebenjob auf dem Bau) wirkt seine Antwort plausibel.

Zu Antwort 2: Diese Kandidatin begründet ihre Eignung für den Polizeidienst mit ihrer persönlichen Situation (lesbische Frau mit Migrationshintergrund) und ihren Sprachfähigkeiten (fünf Sprachen). Gleichzeitig verdeutlicht sie, dass sie körperlich fit ist und sich sowohl kommunikativ als auch mit Körpereinsatz durchsetzen kann (Karate).

Zu Antwort 3: Hier zeigt jemand, dass Scheitern und Lebenserfolg kein Widerspruch sind. Im ersten Anlauf hat dieser

Bewerber sein Fachabitur nicht bestanden. An mangelndem Ehrgeiz hat es seiner Aussage nach nicht gelegen, sondern an der Herangehensweise. Offenbar hat er das Schuljahr wiederholt und es erneut versucht – mit einer anderen Taktik. Das beweist Durchhaltevermögen, Flexibilität und Resilienz. Obwohl die Frage primär die Schwächen erkunden sollte, hat sie überzeugend die Stärken dieses Kandidaten ans Tageslicht befördert.

Zu Antwort 4: Die Frage zu den eigenen Schwächen so ehrlich zu beantworten, verdient Respekt. Er nennt sogar etwas, was direkt mit dem Polizeiberuf in Zusammenhang steht (Gewichtsprobleme und schwaches Abschneiden beim Sporttest). Zusätzlich zu seiner Einsicht zeigt er Veränderungsbereitschaft. Seine Ernährung hat er bereits teilweise umgestellt. Die Fitness will er in Zukunft durch regelmäßiges Laufen optimieren.

Zu Antwort 5: Dieser Bewerber räumt ein, eine etwas schlechtere Auffassungsgabe als andere zu haben. Er muss sich Dinge „erarbeiten". Die Schwierigkeit, Vorträge zu halten, die er exemplarisch herausgreift, thematisiert eine Schwäche, die eher zu vernachlässigen ist. Solange der Bewerber keine Probleme hat, im Alltag mit Menschen zu kommunizieren, wird ihn dieses Problem kaum beeinträchtigen. Dass er zugibt, der Herausforderung in der Schule ausgewichen zu sein, ist ehrlich. Gleichzeitig wird deutlich, dass er die Problembewältigung aus Verlegenheit vor sich herschiebt, statt sie zeitnah anzugehen. Da es sich um einen jungen Bewerber zu handeln scheint (Schulabgänger), ist dieser Punkt vermutlich ein Stück weit seinem Alter geschuldet. Jetzt hat er den Plan, die fehlenden Kenntnisse durch einen Kurs aufzuarbeiten.

Schlechte Antworten

Witzig gemeinte Antworten wie: „Stricken liegt mir nicht“ oder „Ich habe eine Schwäche für Süßes“ sind bei der Frage nach den eigenen Schwächen fehl am Platz.

Früher wurde in Bewerbungsratgebern oft dazu geraten, Schwächen zu nennen, die ebenso als Stärken ausgelegt werden können. Wer heute auf die Frage nach den eigenen Schwachpunkten „Perfektionismus“ oder „zu viel Ehrgeiz“ ins Feld führt, erntet allenfalls ein müdes Lächeln. Das haben die Prüfer schon viel zu oft gehört. Gefragt wird hier nach beruflich relevanten Aspekten. Wichtig ist, sofort deutlich zu machen, dass man sich der eigenen Schwächen bewusst ist und daran arbeitet.

Fragen zu Hintergrundwissen über Ausbildung, Laufbahn und Berufsalltag

Als Bewerber sollte man zeigen, dass man sich intensiv mit dem gewählten Beruf und dem Weg dorthin beschäftigt hat. Dabei kann es im Rahmen des Gesprächs durchaus in die Tiefe gehen. Informier dich unbedingt eingehend über die von dir angestrebte Laufbahn.

1.4 Häufige Fehler in Bewerbungen

Anweisungen in Bezug auf die Bewerbungsunterlagen missachten
Viele Bewerber lesen die Hinweise zu den Bewerbungsunterlagen nicht aufmerksam durch. Informiere dich vorab, welche Unterlagen du einreichen musst. Unvollständige Bewerbungen werden in der Regel nicht berücksichtigt. Es hinterlässt keinen guten Eindruck, wenn du bereits die ersten Anweisungen nicht beachtest. Gleichzeitig kann dir das aufmerksame Lesen der Anforderungen Arbeit sparen: Ein Anschreiben ist zum Beispiel häufig nicht nötig.

1.4.1 Die zehn häufigsten Fehler im Anschreiben

Das Anschreiben bereitet vielen Bewerbern Kopfzerbrechen. Es soll kurz sein, spannend, kein Wort zu viel enthalten, die eigene Kompetenz und Motivation auf den Punkt bringen und signalisieren: Ich bin der richtige Kandidat. Das zu erreichen, kostet Zeit und Mühe.

1. **Rechtschreib-, Zeichensetzungs- und Grammatikfehler**

Rechtschreibfehler im Anschreiben? Ein No-Go. Achte darauf, dass dein Bewerbungsschreiben keine sprachlichen oder grammatikalischen Fehler enthält. Die Rechtschreibkorrektur von Word filtert erste Fehler heraus. Falls du zweifelst, schlag lieber im Duden (www.duden.de) nach und bitte jemanden, dein Schreiben Korrektur zu lesen.

2. **Korrekturen von Hand**

In der Regel wird erwartet oder die Möglichkeit angeboten, dass Bewerber ihre Unterlagen per E-Mail im PDF-Format schicken. Wer sich dennoch für eine klassische Bewerbung auf Papier entscheidet, darf keine nachträglichen Korrekturen vornehmen. Tipp-Ex fällt auf. Von Hand eingebrachte Satzzeichen lenken den Blick des Betrachters sofort auf den Fehler. Druck deine Unterlagen einfach erneut aus und sorge dafür, dass du sie in perfektem Zustand verschickst.

3. **Optisch unansehnliche Unterlagen**

Zerknickte Blätter, Fingerabdrücke, schwach ausgedruckte Tinte? Das sollte bei Bewerbungen nicht passieren. Wähle für deine Ausdrucke hochwertiges Papier. Es sollte lichtundurchlässig (mindestens

100 g / m²), hochweiß und gestrichen sein. Für das Deckblatt mit deinem Foto kannst du stabileres Papier nutzen. Falls du dein Foto direkt ausdruckst, wähle echtes Fotopapier. Darauf kommen die Farben am besten zur Geltung. Allerdings wird in der Regel nicht die Brillanz, Schärfe und der Kontrast erreicht, den ein echtes Foto vom Fotografen aufweist.

Recyclingpapier und einfaches Kopierpapier verbieten sich von selbst. Du willst schließlich Eindruck machen. Vermeide Eselsohren, Flecken und Fingerspuren. Deine Unterlagen sollten tadellos aussehen. Wähle für den Postversand am besten einen stabilen Briefumschlag in DIN A4 mit verstärktem Rücken, damit deine Unterlagen den Empfänger ungeknickt erreichen.

4. Betreff- und Bezugszeile vergessen

Eine Betreffzeile gehört dazu. Die Bezugszeile ist zwar kein Muss, verdeutlicht aber, wo du auf die Stellenausschreibung aufmerksam geworden bist.

5. Anschreiben erinnert an Lebenslauf

Teilweise verwechseln Bewerber das Anschreiben mit einem ausformulierten Lebenslauf. Sie erläutern langatmig sämtliche Lebensstationen, die sie bereits tabellarisch abgebildet haben. Die Entscheider haben nur wenig Zeit. Nutze die Dreiviertelseite, die für deine Selbstdarstellung bleibt, effektiv: Konzentriere dich auf deine entscheidenden Stärken. Was prädestiniert dich für deinen Wunschberuf?

6. Nichtssagende Floskeln

Gerade der erste Satz deines Anschreibens muss die Aufmerksamkeit des Lesers packen. Etliche Bewerber denken, ihr Anschreiben braucht eine Einleitung. Dementsprechend langweilen sie den Leser vom ersten Satz an mit Selbstverständlichkeiten wie: „Auf Ihrer Website habe ich gelesen, dass Sie zum 01.03.20XX Polizeivollzugsbeamtinnen/Polizeivollzugsbeamte im mittleren Dienst suchen. Darum bewerbe ich mich bei Ihnen.“ Der wesentliche Teil steht bereits in der Betreffzeile („Bewerbung um einen Ausbildungsplatz als Polizeivollzugsbeamter im mittleren Dienst zum 01.03.20XX“). Dementsprechend fügt der Einleitungssatz keine neuen Informationen hinzu. Also weglassen!

Verzichte ebenfalls darauf, dein Interesse an dem Beruf zu bekräftigen. Wenn du nicht interessiert wärst, zur Feuerwehr, zum Zoll, zur Bundeswehr oder zur Polizei zu gehen, würdest du dich nicht um einen Ausbildungs- oder Studienplatz bemühen. „Ich habe mich eingehend über den Beruf informiert“ gehört ebenfalls in die Kategorie „unnötige Floskel“. Das ist eine Selbstverständlichkeit. Du willst eine Ausbildung absolvieren. Dementsprechend geht jeder davon aus, dass du vorab recherchiert und dich intensiv mit diesem Beruf befasst hast. Du brauchst einen echten Knaller am Anfang.

7. Vorlagen aus Bewerbungsratgebern oder Internetquellen unverändert übernehmen

Keine Frage: Eine gute Bewerbung zu verfassen, ist schwierig und kostet Zeit. Es ist vollkommen legitim, wenn du dir Inspiration zum Formulieren holst. Auch dieser Ratgeber will dir helfen, deinen Weg zur Polizei, Feuerwehr, zum Zoll oder in die Bundeswehr mit Erfolg zu meistern. Aber das Kopieren von kompletten Sätzen oder Satzteilen ist keine gute Idee. Diese Bausteine werden wiedererkannt. Jedes Buch und jede Internetseite findet unzählige Leser, die alle denselben Traum verfolgen wie du. Dementsprechend ist das Risiko hoch, dass andere Bewerber Teile von Muster-Anschreiben übernehmen. Die landen dann zuhauf auf dem Tisch des Verantwortlichen. Statt mit Individualität für Vorsprung zu sorgen, outest du dich damit schlimmstenfalls als einfallslos.

8. Behauptungen ohne Belege und Beispiele

Zu den Hauptfehlern in Anschreiben gehört, dass Soft Skills nur aufgezählt, aber nicht belegt werden. Du bist emotional stabil? Woran sieht man das? Dich zeichnen Hilfsbereitschaft und soziale Kompetenz aus? Finde einen Beleg dafür. In Stresssituationen hast du sprichwörtlich die Ruhe weg? Bewundernswert. Erkläre, in welchen Momenten es dazu kommt. Erst dann hat deine Bewerbung Aussagekraft.

9. Einfallsloser Satzbau

Es wirkt selbstbewusst, wenn ein Satz mit „Ich“ beginnt und danach eine wesentliche Fähigkeit genannt und belegt wird. Bewerber neigen allerdings dazu, jeden Satz mit diesem Personalpronomen zu beginnen. Meist ist das Ergebnis eine Ansammlung unverbundener, kurzer Hauptsätze, die nur Behauptungen beinhalten, aber nichts belegen und begründen. („Ich bin ...“, „Ich habe ...“, „Ich werde ...“). Achte auf abwechslungsreiche Satzanfänge. Statt: „Ich arbeite gern im Team“ kannst du beispielsweise schreiben: „Meine Teamfähigkeit stelle ich regelmäßig bei Projektarbeiten unter Beweis.“ Das lockert auf und zwingt dich automatisch dazu, deine Aussage zu untermauern.

10. Kenntnisse werden nicht konkretisiert

Bewerber schreiben oft Sätze wie „Außerdem spreche ich Russisch.“ Oder: „Ich mache seit fünf Jahren Judo.“ Das reicht nicht, damit sich der Personalverantwortliche ein Bild von deinen Fähigkeiten machen kann. Es geht vor allem um den Grad, bis zu dem du etwas beherrschst. Sind es Grundkenntnisse? Oder tatsächlich fundierte Anwenderkenntnisse? Gib bei Sprachen deine Niveaustufe an: „Außerdem spreche ich verhandlungssicher Russisch (Niveau: C1).“ Oder: „Ich mache seit fünf Jahren Judo und besitze den schwarzen Gürtel.“ Optimal ist, wenn du diese Aussagen gleich mit deinem Wunschberuf in Verbindung bringst und zeigst, warum diese Kenntnisse ein Vorteil sind.

1.4.2 Die sechs häufigsten Fehler im Lebenslauf

1. Aufbau in chronologischer Reihenfolge

Etliche ältere Bewerber verfassen ihr Anschreiben häufig noch so, wie sie es in der Schule gelernt haben. Die dort verwendeten Materialien sind allerdings während der Schulzeit schon nicht mehr auf der Höhe der Zeit. Noch immer beginnen viele Polizei-, Zoll, Feuerwehr- und Bundeswehranwärter ihren Lebenslauf mit dem Besuch der Grundschule und enden mit der absolvierten Berufsausbildung oder ihrem Studium. Bau deinen Lebenslauf konsequent (!) rückwärts chronologisch auf. Der Personalverantwortliche will wissen, wer du heute als Erwachsener bist, was du gelernt hast und was du kannst. Grundschulerfahrungen sind nicht mehr relevant. Bewirbst du dich direkt nach der Schule? Dann kannst du wählen, ob du chronologisch oder rückwärts chronologisch vorgehen möchtest.

Achtung: Häufig mischen Bewerber vorwärts chronologische und rückwärts chronologische Anteile ihrer Bewerbung. Das solltest du unbedingt vermeiden.

2. Leerstellen lassen

Manche Menschen haben einen perfekten Lebenslauf ohne Lücken. Andere nicht. Es ist ein Fehler, bestehende Lücken in Zickzack-Karrieren nicht zu schließen. Gibt es Brüche in deinem Lebenslauf, solltest du dazu stehen. Finde sinnvolle Erklärungen. Schreibe möglichst nicht: „arbeitslos“ oder „arbeitssuchend“. Was hast du in dieser Zeit aktiv getan? Ein Jahr der Arbeitslosigkeit kannst du beispielsweise damit verbracht haben, dich autodidaktisch weiterzubilden. Vielleicht hast du einen schwerkranken Familienangehörigen versorgt? Oder du warst im Ausland, um deine Sprachfähigkeiten gezielt zu verbessern? Hast du dich mit verschiedenen kleinen Jobs über Wasser gehalten? Selbst „Sabbatical“ liest sich besser als „arbeitslos“.

3. Ein ungeeignetes Foto wählen

Ein Passbild ist kein Muss in Bewerbungsunterlagen. Dennoch kannst du mit einem schönen Foto Sympathiepunkte einheimsen. Manche Bewerber wollen ihre Unterlagen so schnell wie möglich einreichen. Für den Gang zum Fotografen nehmen sie sich keine Zeit. Eine schlechte Entscheidung. Ganzkörperaufnahmen, Urlaubsbilder, Partyschnappschüsse, veraltete Bilder oder Automatenfotos haben in einer Bewerbung nichts verloren. Willst du überzeugen, verwende ein professionell gemachtes Passbild. Die Standardgröße für Bewerbungsfotos beträgt ca. 6 × 4,5 cm. Du kannst zwischen Hochformat und Querformat wählen.

4. Einen zu langen Lebenslauf verfassen

Die Auswahl, was wichtig ist und was nicht, fällt manchen Kandidaten schwer. Beschränke dich auf das für den angestrebten Beruf Wesentliche! Der Lebenslauf sollte nicht mehr als zwei Seiten umfassen. Je prägnanter er ist, desto besser. So stellst du von Anfang an unter Beweis, dass du Wichtiges und Unwichtiges trennen kannst. Die präsentierten Informationen sollten genau auf deine Wunschstelle zugeschnitten sein.

5. **Schlangensätze und Textwüsten**

Leseunfreundliche Texte erzeugen keine Sympathie. Schreibe kurze, verständliche Sätze. Überschriften und ein klar gegliedertes Layout erleichtern dem Personaler das zügige Durchgehen deiner Unterlagen. Zu einem guten Gesamteindruck und Lesefreundlichkeit tragen Absätze bei.

6. **Datum und Unterschrift vergessen**

Der Lebenslauf sollte mit dem aktuellen Datum und deiner Originalunterschrift versehen sein. Achte auf Lesbarkeit und unterschreiben mit deinem Vor- und Familiennamen.

1.4.3 Die acht häufigsten Fehler beim Vorstellungsgespräch

1. **Unpünktlich erscheinen**

Du musst mit Bahn, Bus oder dem Auto anreisen? Plane vorsorglich genug Zeit ein. Öffentliche Verkehrsmittel haben ab und an mit Verspätungen zu kämpfen. Mit dem Auto kannst du in eine Umleitung, einen Unfall oder einen Stau geraten. Wenn du abgehetzt in letzter Sekunde oder verspätet durch die Tür stürmst, macht das keinen guten Eindruck.

Bist du früh genug vor Ort, kannst du bei Bedarf die Toilette benutzen, dein Outfit prüfen und dich frischmachen. Ist die Fahrt sehr weit? Nimm deine gute Kleidung gewaschen und gebügelt in einem Kleiderbeutel mit und zieh dich vor dem Gespräch auf der Toilette um. Das macht einen besseren Eindruck, als in einem verschwitzten Anzug oder Kostüm zu erscheinen. Allerdings solltest du nicht deutlich zu früh zu deinem Termin auftauchen.

Tipps:

- Plane eine großzügige Pufferzone ein.
- Nimm bei langer Anreise dein Outfit in einem Kleidersack mit und zieh dich vor Ort um.

2. Falscher Dresscode

Das äußere Erscheinungsbild zählt. Vermeide beim Vorstellungsgespräch für eine Tätigkeit bei der Polizei, beim Zollamt, bei der Feuerwehr oder der Bundeswehr knallige Farben, übertriebenes Make-up und zu viel Schmuck. Halte dein Outfit möglichst klassisch-konservativ und dezent. Mit einem Anzug oder einem Kostüm in gedeckten Farben liegst du auf jeden Fall richtig. Alternativ kommen eine ordentliche Jeans, eine Stoffhose, Hemd beziehungsweise Bluse sowie ein Blazer ebenfalls in Frage. Piercings solltest du entfernen. Dezente Ohrringe sind unproblematisch.

Tipps:

- Lege als Frau ein leichtes Tages-Make-up auf, wenn du dich damit wohlfühlst.
- Verzichte auf übermäßig viel Schmuck.
- Kleide dich konservativ.
- Achte auf eine ordentliche Frisur.
- Achte als Mann auf eine sorgfältige Rasur oder einen gepflegten Bart.

3. Falsche Körpersprache

Die ersten Sekunden entscheiden, ob du deinem Gegenüber sympathisch bist oder nicht. Dabei sind Gestik, Mimik und die Körperhaltung entscheidend. Reichst du zur Begrüßung die Hand, achte auch einen angenehm festen Druck. Halte dabei bewusst Blickkontakt mit deinem Ansprechpartner und wiederhole seinen Namen bei der Begrüßung. Das hilft dir, ihn im Gedächtnis zu behalten.

Spätestens beim Verabschieden, solltest du ihn mit seinem Namen ansprechen. Lächeln nicht vergessen!

Achte auf eine motivierte Körpersprache während des Gesprächs: Dazu gehört eine gerade, offene Sitzhaltung. No-Gos: verschränkte Arme, lümmeln auf dem Stuhl, angespannt und steif sitzen.

Tipps:

- Achte auf deine Gestik. Setze sie bewusst zur Unterstreichung des Gesagten ein.
- Suche immer wieder Blickkontakt zu deinen Gesprächspartnern.
- Recherchiere vor dem Vorstellungstermin, wer das Gespräch mit dir führen wird. Dann kannst du dir die Namen bereits im Vorfeld einprägen.

4. Schlechte Vorbereitung

Im Vorstellungsgespräch zeigt sich, ob du gute Vorarbeit geleistet hast. Zum einen brauchst du handfestes Wissen über deinen Wunschberuf, die Ausbildungswege, die Geschichte und den Berufsalltag. Zum anderen musst du dir über deine Beweggründe sicher sein. Warum willst du zur Polizei, zum Zoll, zur Bundeswehr, zur Feuerwehr? Was bedeutet der Beamtenstatus? Wie ist die Zollverwaltung aufgebaut?

Bereite dich auf die meistgestellten Fragen vor. Antworte ruhig und überlegt, nicht wie aus der Pistole geschossen. Je natürlicher und souveräner du bei dem Gespräch wirkst, desto besser.

Tipps:

- Lerne relevante Informationen zu deinem Wunschberuf (Ausbildung, Geschichte, Berufsalltag, wichtige Entscheidungsträger) auswendig.
- Übe das Vorstellungsgespräch mit Freunden oder Familienmitgliedern.
- Beantworte dabei sämtliche der meistgestellten Fragen.
- Erscheine ausgeschlafen zu deinem Termin.

5. Anderen die Schuld für eigene Fehler geben

Rücke niemals deine Mitmenschen in ein schlechtes Licht. Das fällt auf dich zurück. Immer. Selbst dann, wenn du wirklich nur unschuldig in eine ungünstige Situation geraten bist. Egal, ob es sich um Eltern, Lehrer, Mitschüler, Kommilitonen oder Kollegen handelt: Äußere dich nicht negativ. Du hast eine schlechte Note, bist durchs Abitur gefallen, hast die Realschulprüfung erst im zweiten Anlauf bestanden? Alles egal. Mach dir Folgendes bewusst: Diese Ereignisse liegen in der Vergangenheit. Du bist *trotzdem* zum Vorstellungsgespräch eingeladen worden. Das heißt, du bist als Bewerber interessant für die Entscheider. Dass dein Leben nicht immer glatt verlaufen ist, interessiert sie nur indirekt. Sie wollen in Erfahrung bringen, wie du mit Rückschlägen und Stresssituationen umgehst. Hier kannst du eine Schwäche zu einer Stärke machen.

Tipps:

- Bleib ruhig und lass dich nicht aus der Ruhe bringen.
- Stehe zu deinen Fehlern.
- Wenn möglich, zeige, dass du mit dem Rückschlag produktiv umgegangen bist.

6. **Nicht aktiv zuhören**

Deinen Gesprächspartner solltest du schon aus Höflichkeit nicht unterbrechen. Falle ihm keinesfalls ins Wort, sondern höre ruhig zu und antworte überlegt. Das zeigt Respekt. Du solltest durch Nicken, kurze Einwürfe und kleine Kommentare signalisieren, dass du das Gesagte tatsächlich aufmerksam verfolgst. Aus dem Input, den du dabei erhältst, kannst du später möglicherweise (zusätzliche) eigene Fragen ableiten.

Achtung: Viele Bewerber machen den Fehler, dass sie überhaupt nicht richtig zuhören, weil sie im Kopf schon mit ihrer eigenen Antwort beschäftigt sind. Dadurch entgehen ihnen die Einzelheiten. Das ist nicht zu empfehlen: Konzentriere dich auf dein Gegenüber.

Tipps:

- Konzentriere dich auf deine Gesprächspartner.
- Höre aufmerksam zu.
- Zeige deine Konzentration durch Nicken, Bestätigungslaute oder einen kurzen Einwurf.

7. Keine eigenen Fragen stellen

Du hast keine Fragen? Das ist kein gutes Zeichen. Mit eigenen Fragen zeigst du aufrichtiges Interesse und beweist, dass du aufmerksam zugehört hast. Selbstverständlich solltest du nichts fragen, was sich bereits im Gespräch geklärt hat. Ein Job-Interview ist nicht als einseitiges Verhör gedacht. Selbst wenn standardisierte Fragen gestellt werden, entwickelt sich später im Idealfall ein echtes Gespräch.

Tipps:

- Bereite am besten fünf Fragen vor. Mach dir Notizen und nimm deinen Block mit in das Gespräch. Stellen solltest du allerdings nur zwei bis drei. Aber möglicherweise werden einige bereits innerhalb des Gesprächs beantwortet. Mit etwas mehr Fragen in petto bist du gut vorbereitet.

8. Überstürzt den Raum verlassen

Das Vorstellungsgespräch ist beendet? Glückwunsch. Du hast es geschafft. Trotzdem solltest du nicht fluchtartig verschwinden. Bedanke dich bei den Anwesenden der Reihe nach für ihre Zeit. Verabschiede dich mit Stil. Das bleibt positiv in Erinnerung. Am Ende sollte die Frage nicht fehlen, wann du mit einer Nachricht rechnen kannst.

Auf einen Blick: Typische Fehler beim Vorstellungsgespräch

- Unpünktlichkeit
- falscher Dresscode
- fehlender Blickkontakt
- schlechte Vorbereitung
- einsilbige Antworten geben
- keine Rückfragen stellen

2 Bewerbung bei der Landes- und Bundespolizei

Die Inhalte dieses Kapitels basieren unter anderem auf Informationen von www.bundespolizei.de sowie auf den Websites der Landespolizeien. Eine Auflistung nach Bundesländern findest du in Unterkapitel 2.3.2. Weitere benutzte Quellen kannst du im Quellenverzeichnis im Anhang nachlesen.

Zusätzlich wurden zahlreiche eigene Interviews mit Bewerbern aus verschiedenen Bundesländern geführt, die bereitwillig Auskunft über ihre Erfahrungen gegeben haben. Ihnen sind viele Anregungen zu verdanken. (Herzlichen Dank an dieser Stelle für eure Bereitschaft, zukünftigen Kollegen ein Stück weit die Angst zu nehmen und sie auf ihrem Karriereweg zu unterstützen!)

Ein ausgewähltes Interview findest du zur Veranschaulichung in Unterkapitel 2.6.

2.1 Karriere bei der Landespolizei

In Deutschland ist Polizei Ländersache. Aus diesem Grund gibt es keine einheitliche Regelung zu Eingangsvoraussetzungen und Prüfverfahren. Für mobile und flexible Bewerber ist dies ein großer Vorteil: Die Aufnahmeprüfungen können problemlos in mehreren Bundesländern absolviert werden. Bestehst du in einem Bundesland nicht, gibt es im Prinzip noch 15 weitere Chancen.

2.1.1 Sechzehn Polizeibehörden, drei Laufbahnen

Auch die Karrierewege haben unterschiedliche Bezeichnungen von Bundesland zu Bundesland. Prinzipiell kannst du bei der Landespolizei drei unterschiedliche Laufbahnen einschlagen:

- den mittleren Dienst (Ausbildung zum Polizeimeister)
- den gehobenen Dienst (Ausbildung zum Polizeikommissar)
- den höheren Dienst

Der mittlere Dienst wird in Schleswig-Holstein, Niedersachsen, Mecklenburg-Vorpommern, Bremen und Sachsen-Anhalt als zweites Einstiegsamt der ersten Laufbahngruppe bezeichnet, in Hamburg als Laufbahnabschnitt I und in Bayern als zweite Qualifikationsebene.

Der gehobene Dienst ist gleichbedeutend mit dem ersten Einstiegsamt der zweiten Laufbahngruppe in Schleswig-Holstein, Niedersachsen, Mecklenburg-Vorpommern, Bremen und Sachsen-Anhalt). Die Polizei Hamburg spricht von Laufbahnabschnitt II. Die bayerische Polizei von der dritten Qualifikations-ebene.

Ein Aufstieg ist möglich: Angenommen, du absolvierst eine Ausbildung im mittleren Dienst. Dann kannst du nach ein paar Jahren versuchen, in die nächsthöhere Laufbahn zu wechseln. Allerdings kannst du nicht in jedem Bundesland alle Laufbahnstufen wählen: Nordrhein-Westfalen und Niedersachsen haben den mittleren Dienst abgeschafft.

Zahlen, Daten, Fakten

- 274.441 Polizeibeamte in Deutschland (Stand: 2017)
- 16 Polizeien in ganz Deutschland
- eine Bundespolizei (März 2018: fast 3.000 Stellen unbesetzt)
- ein Bundeskriminalamt
- Im August 2017 waren 5.545 Mitarbeiter im Bundeskriminalamt beschäftigt.
- Der Anteil der Frauen im BKA liegt bei 39 % (Stand: 28.02.2018).

Quelle: www.polizei.de

2.2 Karriere bei der Bundespolizei

Interessierst du dich für eine Karriere als Polizeimeister oder Polizeikommissar? Jedes Jahr bewerben sich tausende Bewerber für eine Laufbahn bei der Bundespolizei. Zur Auswahl stehen der mittlere Dienst und der gehobene Dienst. Bewerben kannst du dich zwar das ganze Jahr. Allerdings muss deine Bewerbung mindestens acht Monate vor Dienstbeginn eingegangen sein. Den Stichtag findest du unter www.bundespolizei.de.

Diese Grundvoraussetzungen musst du erfüllen:

- Du brauchst die deutsche oder eine andere EU-Staatsangehörigkeit.
- Du trittst für Menschenwürde, Demokratie und Rechtsstaatlichkeit ein.
- Du bist gesund.
- Du besitzt den Führerschein Klasse B (oder machst ihn vor Ende deiner Ausbildung beziehungsweise deines Grundstudiums).
- Du besitzt das deutsche Schwimmabzeichen in Bronze.
- Du hast ein einwandfreies Führungszeugnis und lebst in wirtschaftlich geordneten Verhältnissen.
- Du bist im Gesicht, am Hals und an den Händen nicht tätowiert. Sollten andere Tattoos vorhanden sein, müssen sie von der Dienstkleidung verdeckt werden können.

2.2.1 Drei Laufbahnen bei der Bundespolizei

Wie bei der Landespolizei gibt es drei Laufbahnen, für die du unterschiedliche Voraussetzungen erfüllen musst:

- mittlerer Dienst
- gehobener Dienst
- höherer Dienst

Voraussetzungen für den mittleren Polizeivollzugsdienst

Folgende Voraussetzungen musst du für die zweieinhalbjährige Ausbildung im mittleren Dienst erfüllen:

- Du bist zwischen 16 und 27 Jahre alt. (Ausnahme: Du hast eine Berufsausbildung abgeschlossen und mehr als drei Jahre Berufserfahrung. Dann beträgt das Höchstalter 35 Jahre.)
- Du besitzt einen Realschulabschluss oder einen Hauptschulabschluss mit mindestens zweijähriger, abgeschlossener Berufsausbildung.
- In Deutsch und Englisch bringst du wenigstens die Note „Vier“ (ausreichend) mit.
- Du kannst dich auf Englisch verständigen.
- In Sport hast du wenigstens die Note „Drei“ (befriedigend).

Voraussetzungen für den gehobenen Polizeivollzugsdienst

Wenn du dich für den dreijährigen modularen Studiengang für den gehobenen Polizeivollzugsdienst bewerben möchtest, solltest du diese Voraussetzungen erfüllen:

- Du bist höchstens 33 Jahre alt (Ausnahmen: Du hast eine Berufsausbildung abgeschossen und mehr als drei Jahre Berufserfahrung. Dann beträgt das Höchstalter 41 Jahre.)
- Das Gymnasium hast du mit dem Abitur oder Fachabitur abgeschlossen.
- In Deutsch und Englisch bringst du wenigstens die Note „Vier“ (ausreichend) mit.
- Du kannst dich auf Englisch verständigen.
- In Sport hast du wenigstens die Note „Drei“ (befriedigend).
- Du hast Grundkenntnisse in mindestens einer weiteren Fremdsprache (kein Muss).

Voraussetzungen für den höheren Dienst

Um in den höheren Dienst zu kommen, musst du folgende Voraussetzungen erfüllen:

- Du bist nicht älter als 33 Jahre.

- Du hast einen Hochschulabschluss mit der Note „Gut“ erreicht. Das gilt für Master, Magister, Diplom und Staatsexamen.
- Alternative: Du hast ein juristisches Staatsexamen mit der Note „Drei“ (befriedigend) oder ein erstes und zweites juristisches Staatsexamen mit zusammen mindestens 13 Punkten.
- Du sprichst fließend Englisch und kannst dich sehr gut auf Englisch verständigen.
- Du bist sozial kompetent. Es fällt dir leicht, auf andere Menschen zuzugehen.
- Dein Auftreten ist sicher und du triffst besonnene Entscheidungen.

2.2.2 Online-Bewerbung

Bewerben kannst du dich direkt online. Für das Ausfüllen des Formulars brauchst du ungefähr eine halbe Stunde. Du machst Angaben zu deinen Kontaktdaten, deiner Bildung und deiner Gesundheit. Dann folgen Erklärungen und eine Zusammenfassung. Am Ende kannst du das Formular downloaden.

Der Bewerbungsprozess im Einzelnen:

- Gehe auf die folgende Webseite: www.komm-zur-bundespolizei.de/bewerben
- Registriere dich mit deiner E-Mail-Adresse.
- Bestätige deine E-Mail-Adresse.
- Nimm dir etwa 30 Minuten Zeit, um deine Online-Bewerbung in Ruhe fehlerfrei auszufüllen.
- Beachte die Checkliste. Sende die fehlenden Unterlagen per Post zu.

Die Wartezeit, bis du den Termin für den ersten Teil des Auswahlverfahrens erhältst, solltest du sinnvoll nutzen: Bereite dich umfassend auf das Auswahlverfahren vor.

2.2.3 Tipps für ein erfolgreiches Bewerbungsverfahren

Generell empfehlenswert ist, ein Gespräch mit einem Einstellungsberater zu vereinbaren.

Tipps für Bewerber:

- Informiere dich über das Weltgeschehen und halte dich wirtschaftlich und politisch auf dem Laufenden. Dazu kannst du neben den Fernsehnachrichten auf Internetangebote und renommierte Zeitungen zurückgreifen.
- Arbeite an deiner Allgemeinbildung.
- Beschäftige dich mit der Geschichte und Arbeit der Bundespolizei.
- Stelle Prüfungssituationen nach.
- Übe gezielt für den Sporttest.

2.2.4 Bestandteile des Auswahlverfahrens für den mittleren und den gehobenen Polizeivollzugsdienst

Das Auswahlverfahren kann bis zu vier Tage in Anspruch nehmen. Die Fahrtkosten werden dir erstattet, wenn du Quittungen vorlegen kannst. Also unbedingt alles aufbewahren! Für die Zeit des Verfahrens bietet die Bundespolizei eine kostenfreie Übernachtungsmöglichkeit an.

Diktat (mittlerer Dienst) und Kurzaufsatz (gehobener Dienst)

Diktat

Hier sind Bewerber für den mittleren Dienst gefragt: Bundespolizisten müssen Berichte und Protokolle verfassen. Sichere Kenntnisse der deutschen Grammatik, Rechtschreibung und Zeichensetzung solltest du also mitbringen. Maßgeblich ist die neue deutsche Rechtschreibung. Das Diktat umfasst etwa 180 Wörter.

Tipps zur Vorbereitung (Diktat):

- Wiederhole die aktuellen Regeln zu Groß- und Kleinschreibung, Zusammen- und Getrenntschreibung, S-Lauten, zur Zeichensetzung und zum Prinzip des Wortstamms.
- Lies regelmäßig Zeitung und Sachbücher.
- Lass dir von Freunden und Familienangehörigen kurze Texte, zum Beispiel Zeitungsartikel, diktieren.

Kurzaufsatz / Erörterung

Der Kurzaufsatz wird von Anwärtern für den gehobenen Dienst verfasst. Im Studium musst du regelmäßig schriftliche Arbeiten einreichen. Dazu gehört, dass du dein Wissen strukturieren und geschickt präsentieren kannst. Gefordert wird entweder eine dialektische Erörterung (Pro- und Contra-Argumentation) oder eine lineare Erörterung mit einer einheitlichen Argumentation in eine Richtung (entweder nur pro oder nur contra).

Inhaltlich werden in der Regel politisch relevante Themen gewählt. Nicht nur Aufbau, Inhalt und sprachliches Ausdrucksvermögen, auch deine Orthografie-Kenntnisse stehen hier auf dem Prüfstand. Genau wie bei Anwärtern für den mittleren Dienst ist die neue Rechtschreibung maßgeblich. Wiederhole die wichtigsten Rechtschreib- und Zeichensetzungsregeln.

- Ein Beispiel für eine dialektische Erörterung: „Sollte Gesundheitserziehung ein Pflichtfach an deutschen Schulen werden?“
- Beispiel für eine lineare Erörterung: „Warum sollten Bewerber für die Bundespolizei keine sichtbaren Tätowierungen haben?“

Tipps zur Vorbereitung für den Kurzaufsatz / die Erörterung:

- Wiederhole den typischen Aufbau von dialektischen und linearen Erörterungen.
- Schreibe Testaufsätze zu den beiden oben genannten Themen.
- Gliedere deinen Aufsatz in drei Teile: Einleitung, Hauptteil und Schluss. Achte auch innerhalb dieser Teile auf Absätze.
- In der Einleitung solltest du zum Thema hinführen und Spannung aufbauen, aber keine Argumente nennen.
- Im Hauptteil reicht es nicht, Behauptungen hintereinander zu hängen. Jedes Statement muss ausführlich begründet und mit anschaulichen Beispielen untermauert werden.
- Bei dialektischen Erörterungen hast du die Wahl zwischen „Sanduhr" und „Pingpong". Beim Sanduhr-Prinzip werden zunächst die Argumente für eine Seite ausgeführt, dann für die andere. Beim Pingpong folgt auf ein Pro-Argument ein passendes Contra-Argument.
- Der Schlussteil sollte eine Zusammenfassung beinhalten und das Wichtigste auf den Punkt bringen.
- Frische deine Allgemeinbildung, besonders dein politisches und geschichtliches Wissen, auf.

Sporttest (mittlerer und gehobener Dienst)

Der Sporttest besteht aus vier Teilen: Ein Koordinationstest prüft deine Geschicklichkeit, deinen Sinn für Orientierung und dein Gefühl für Gleichgewicht. Dann folgt der Standweitsprung, Liegestütze und ein Zwölf-Minuten-Lauf. Wer hier nicht besteht, ist raus. Du musst beim Sporttest unter Beweis stellen, dass du den hohen körperlichen Anforderungen des Berufsalltags gewachsen bist. Durchschnittlich musst du in jedem Bereich vier Punkte erzielen.

Tipps zur Vorbereitung (Sport):

- Übe die einzelnen Komponenten gezielt.
- Es kommt nicht nur darauf an, das Pensum irgendwie zu schaffen. Die Prüfer sehen sich auch deine Motorik an: Bewegst du dich präzise? Wie ist dein Tempo? Zeigst du Beweglichkeit?

Assessment Center mit Gruppendiskussion **und** Kurzvortrag **(gehobener Dienst)**

Beim Assessment Center nehmen die Bewerber für den gehobenen Dienst an einer fiktiven Diskussion teil. Du vertrittst entweder die Pro- oder die Contra-Seite. Dabei musst du zum einen zeigen, dass du zuhören kannst, zum anderen, dass du durch eine gekonnte Argumentation vom Gegenteil überzeugen kannst.

Für deinen Kurzvortrag bekommst du mehrere Themenvorschläge, aus denen du eine Wahl treffen musst. Je besser du dich mit gesellschaftspolitischen Themen auskennst, desto leichter wird dir diese Aufgabe fallen.

Tipps zur Vorbereitung (Kurzvortrag):

- Übe Kurzvorträge vor Freunden und Familienmitgliedern.
- Achte dabei auf eine gute Struktur (spannende Einleitung, überzeugend argumentierter Hauptteil, Schluss mit Zusammenfassung).
- Körpersprache, Stimme und Betonung sind ebenfalls wichtige Bestandteile deines Kurzvortrags. Lass dich aufnehmen, während du vorträgst. Analysiere deinen Vortrag kritisch.

2.2.5 Job-Interview (mittlerer und gehobener Dienst)

Nach dem Sporttest folgt für Bewerber beider Laufbahnen ein persönliches Gespräch. Du hast dich bereits gegen etliche Mitbewerber durchgesetzt. Jetzt geht es darum, dass du mit deiner Persönlichkeit punktest. Du solltest dir über deine Berufswahl, deine Stärken und Schwächen Gedanken gemacht haben.

Tipps zur Vorbereitung (Vorstellungsgespräch):

- Arbeite das allgemeine Kapitel zum Thema „Vorstellungsgespräch" in diesem Ratgeber zusätzlich aufmerksam durch.
- Achte auf ein selbstsicheres Auftreten.

2.2.6 Polizeiärztliche Untersuchung (mittlerer und gehobener Dienst)

Der vorerst letzte Teil ist die polizeiärztliche Untersuchung. Dabei wird auf dein Gewicht, dein Herz-Kreislauf-System, dein Sehvermögen (einschließlich Farbensehen), ein saniertes Gebiss und ein intaktes Hormonsystem geachtet.

Es gibt zahlreiche Ausschlussgründe. Dazu zählen allergische Erkrankungen, starke Sehschwäche, Autoimmunerkrankungen, Blutgerinnungsstörungen, Erkrankungen der Haut, Erkrankungen der inneren Organe, Erkrankungen von Kiefer und Zähnen, Nahrungsmittelunverträglichkeiten, Erkrankungen des Stütz- und Bewegungsapparates, psychische Störungen, Stoffwechselerkrankungen und chronische Erkrankungen des Zentralnervensystems.

Tipps zur Vorbereitung (polizeiärztliche Untersuchung):

- Achte auf eine gesunde Ernährung, genug Bewegung und ausreichend Schlaf.
- Sorge für eine ausgewogene Work-Life-Balance.

2.3 Bewerbungsverfahren allgemein

Die Bewerbung bei der Landespolizei erfolgt üblicherweise online. Die Einstellungsmodalitäten unterscheiden sich von Bundesland zu Bundesland. Einen separaten Sporttest gibt es beispielsweise in Nordrhein-Westfalen und Sachsen-Anhalt nicht mehr.

- Bewerber müssen in NRW das Rettungsschwimmabzeichen Bronze oder das Schwimmabzeichen Gold sowie das Deutsche Sportabzeichen Bronze vorweisen.
- In Sachsen-Anhalt braucht ein Bewerber das Deutsche Sportabzeichen Silber.

Ebenso variieren die Vorgaben zu Mindestgröße und Höchstalter. Informiere dich darum unbedingt auf der Homepage der jeweiligen Landespolizei über die aktuell gültigen Bestimmungen. Hilfreich ist auch, mit dem für dich zuständigen Einstellungsberater Kontakt aufzunehmen. Von ihm oder ihr bekommst du detaillierte Informationen zu sämtlichen Fragen.

2.3.1 Allgemeine Voraussetzungen

Diese allgemeinen Voraussetzungen solltest du erfüllen, um eine Laufbahn als Polizist einschlagen zu können:

- Keine Straftaten: Laufende oder bereits fallengelassene Verfahren musst du ebenfalls angeben.
- einwandfreies Führungszeugnis
- Geordnete wirtschaftliche Verhältnisse: Du darfst nicht verschuldet sein.
- Führerschein Klasse B
- deutsche Staatsbürgerschaft / EU-Staatsbürgerschaft
- gesundheitliche Eignung
- Schulabschluss: Für den mittleren Dienst brauchst du einen Hauptschulabschluss mit Berufsausbildung oder einen Realschulabschluss.
- Für den gehobenen Dienst ist ein Abitur oder Fachabitur nötig. Teilweise musst du einen bestimmten Notendurchschnitt vorweisen.

Die körperliche Mindestgröße und das Höchstalter variieren von Polizeibehörde zu Polizeibehörde. Ausnahmen sind prinzipiell möglich. Körperschmuck und Tätowierungen sind unproblematisch, wenn sie von der Dienstkleidung verdeckt werden. Sichtbare Tätowierungen dürfen ein bestimmtes Maß nicht überschreiten.

2.3.2 Landesspezifische Anforderungen

Die jeweiligen Anforderungen können sich ändern. Am besten recherchierst du bei deiner Wunschbehörde, welche Kriterien Bewerber aktuell erfüllen müssen:

Baden-Württemberg
nachwuchswerbung.polizei-bw.de

Bayern
www.polizei.bayern.de/wir/

Berlin
www.berlin.de/polizei/beruf/

Brandenburg
polizei.brandenburg.de/liste/polizeiberuf/

Bremen
www.polizei.bremen.de/sixcms/detail.php?gsid=bremen09.c.31229.de

Hamburg
akademie-der-polizei.hamburg.de/ausbildung-polizei-hamburg/

Hessen
www.polizei.hessen.de/karriere/

Mecklenburg-Vorpommern
www.polizei.mvnet.de/Karriere/

Niedersachsen
www.polizei-studium.de

Nordrhein-Westfalen
www.genau-mein-fall.de

Rheinland-Pfalz
www.ihre-einstellung-interessiert-uns.de

Saarland
www.saarland.de/SID-3E724395-0A69CB3D/7029.htm

Sachsen
www.polizei.sachsen.de/de/3592.htm

Sachsen-Anhalt
polizei-web.sachsen-anhalt.de/der-polizeiberuf/

Schleswig-Holstein
www.schleswig-holstein.de/DE/Landesregierung/POLIZEI/Beru-fung/Berufseinstieg/berufseinstieg_node.html

Thüringen
www.polizei.thueringen.de/bildungszentrum/

2.3.3 Vorbereitungsmöglichkeiten online

Auf der Website www.plakos.de und dem entsprechenden YouTube-Kanal („plakos“ in die Suchleiste eingeben), findest du eine Fülle weiterer Informationen und kostenfreier Tests. Zum Austausch mit anderen Bewerbern kannst du dich gern unserer Facebook-Gruppe anschließen: www.facebook.com/groups/polizeieinstellungstest

2.3.4 Bewerbungsunterlagen

Bewerbungsunterlagen

Folgende Unterlagen musst du einreichen:

- Mantelbogen mit persönlichen Angaben und Passfoto
- tabellarischer Lebenslauf
- Anschreiben (Landespolizei Sachsen-Anhalt und Hamburg)
- Zeugnis der allgemeinen Hochschulreife oder Fachhochschulreife / das zuletzt erhaltene Zeugnis des Gymnasiums, der Fachoberschule, der Haupt- / Real- / Berufs- oder Berufsfachschule in Kopie
- Kopie der Geburtsurkunde (Abstammungsurkunde)
- Kopie des Führerscheins Klasse „B“ (falls bereits vorhanden)
- Kopie des Bundespersonalausweises / Kopie des Nachweises über die Staatsbürgerschaft eines EU-Mitgliedstaates
- Erklärung des Hausarztes
- Gesundheitsfragebogen (Selbstauskunft)
- Unbedenklichkeitsbescheinigung für die Teilnahme an der körperlichen Leistungsprüfung (Sporttest)
- bei Bewerbern mit Sehhilfe: augenärztlicher Befundbericht

Zusätzlich können folgende Unterlagen dazukommen, falls etwas davon auf dich zutrifft:

- Heiratsurkunde
- Geburtsurkunde eigener Kinder
- Gehilfen- / Gesellen- / Facharbeiterbrief
- Dienstzeitbescheinigung über die Zugehörigkeit zum öffentlichen Dienst
- Detailfotos von Tätowierungen
- bei aktiven Soldaten: Bescheinigung des Truppen- / Kommandoarztes über Erkrankungen

2.4 Bewerbungsverfahren bei der Landespolizei NRW

Das Bewerbungsgespräch steht in der Regel am Ende des zwei- bis dreitätigen Auswahlverfahrens, das jeder Bewerber durchlaufen muss. Bevor wir dir konkrete Hinweise zur Vorbereitung auf das Job-Interview geben, erläutern wir in diesem Kapitel kurz und kompakt das Eignungsauswahlverfahren selbst. So kannst du einschätzen, was auf dich zukommt. Als Beispiel dient der Ablauf bei der Polizei Nordrhein-Westfalen (NRW). Wir haben diese Behörde herausgepickt, weil sie mit Abstand die beliebteste in Deutschland ist. Das tatsächliche Verfahren kann selbstverständlich trotzdem von dem hier dargestellten abweichen. Es dient ausschließlich zur Veranschaulichung.

Voraussetzung für den Eintritt in den Polizeidienst ist in NRW die Fachhochschulreife. Der mittlere Dienst (Laufbahnabschnitt I) wird nicht mehr ausgebildet. Das Einstellungsverfahren besteht aus mehreren Phasen. Diese durchläuft der Bewerber normalerweise an drei Tagen.

Bestandteile des Bewerbungsverfahrens:

- computergestütztes Testverfahren
- Wiener Test
- polizeiärztliche Untersuchung
- Assessment Center
- Einzelgespräch

Mit den einzelnen Aufgaben, die dich während des computergestützten Testverfahrens erwarten, solltest du dich im Vorfeld eingehend vertraut machen. Wir empfehlen dir zur optimalen Vorbereitung unser Buch „Einstellungstest Polizei“ (ISBN: 978-1983160370). Es beinhaltet mehr als 800 Aufgaben inklusive der dazugehörigen Lösungen.

Die ersten beiden Tage des Auswahlverfahrens finden in NRW für sämtliche Bewerber zentral in Münster statt. Du kannst einen Tag vorher anreisen. Diese Chance solltest du nutzen, vor allem, wenn du einen langen Anfahrtsweg hast. So ist gewährleistet, dass du auf jeden Fall ausgeruht zum Testverfahren erscheinst. Übernachten kannst du kostenfrei beim Landesamt für Ausbildung, Fortbildung und Personalangelegenheiten der Polizei Nordrhein-Westfalen (kurz: LAFP NRW). Unter der Woche kannst du bis 17.00 Uhr, an Sonn- und Feiertagen zwischen 16.00 und 19.30 Uhr anreisen. In den genannten Zeiträumen steht für Bewerber eine Betreuung zur Verfügung.

Tipp:

Da du zwischen den einzelnen Testteilen Wartezeit überbrücken musst, solltest du immer an ausreichend Verpflegung (Essen und Getränke) denken.

2.4.1 Erster Tag: Computergestützter Test, Wiener Test und Formalgespräch

Der Test beginnt um 8:30 Uhr und nimmt ungefähr drei bis vier Stunden in Anspruch. Zunächst werden die Bewerber alle gemeinsam über den Ablauf des Verfahrens informiert. Anschließend teilen sich die Bewerber in zwei Gruppen auf. Das hat organisatorische Gründe: Platzbedingt findet der PC-Test in zwei Unterrichtsräumen statt. Insgesamt stehen rund 30 Arbeitsplätze zur Verfügung.

Computergestützter Test

Der Computertest beinhaltet Logikaufgaben, Gedächtnisaufgaben und Rechtschreibaufgaben. Wichtig: Schwächen in einem Teilbereich kannst du nicht mit Stärken in einem anderen ausgleichen. In zwei Teilbereichen ist eine Mindestpunktzahl von 85 Punkten erforderlich. Die Auswertung erfolgt automatisch.

Vor jeder Aufgabenart gibt es ein oder zwei Testaufgaben zur Übung. Bist du gut vorbereitet, wird dir die Bearbeitung nicht schwerfallen. Bei der Beantwortung der Fragen bist du zwar durch einen Countdown an Maximalzeiten gebunden. Zwischen den Aufgaben gibt es aber jederzeit die Möglichkeit, Pausen einzulegen, auf die Toilette zu gehen, frische Luft zu schnappen oder etwas zu essen und zu trinken. Die zur Verfügung stehende Gesamtzeit ist sehr großzügig bemessen.

Logikaufgaben
Dein logisch-analytisches Denkvermögen wird getestet mithilfe von:

- Flussdiagrammen
- Schlussfolgerungen (Syllogismen), die logisch und absurd ausfallen können
- Zahlensymbolen, das heißt Rechnen mit Symbolen
- Figurensequenzen
- Wortanalogien
- Unterscheidungen zwischen Tatsache oder Meinung
- Datenanalysen

Gedächtnisaufgaben
Anschließend werden Merkfähigkeit, Kurzzeit- und Langzeitgedächtnis der Bewerber getestet. Eingesetzt werden zu diesem Zweck:

- **Steckbriefe**: Innerhalb von 30 Sekunden musst du dir Informationen zu den entsprechenden Personen merken.
- **Fotos von Verkehrssituationen:** Später solltest du zu den gezeigten Details Fragen beantworten können.
- **Texte:** Inhaltliche Fragen prüfen im Anschluss dein Leseverstehen.

Deutschtest
Hier sind deine Rechtschreibkenntnisse gefragt. Maßgeblich ist die neue Rechtschreibung. In NRW wird auf ein Diktat verzichtet. (In anderen Bundesländern wie Sachsen, Thüringen und Baden-Württemberg kann es nach wie vor Teil dieser Testeinheit sein. Ein Diktat umfasst zwischen 200 und 250 Wörter). In Münster gibt es Lückentests und Sätze, bei denen du auf Fehlersuche gehen musst.

Testergebnis
Im Anschluss an den Deutschtest erfährst du die Ergebnisse des PC-Tests. Wer die nötige Punktzahl von 85 nicht in zwei Teilbereichen erreicht hat, muss sich verabschieden. Für die anderen Kandidaten geht es nach einer Mittagspause in Gruppen mit dem Wiener Test weiter.

Wiener Test: Reaktionsvermögen auf dem Prüfstand
Beim sogenannten „Wiener Test“ handelt es sich um einen Reaktionstest, den du am Computer durchführst. Geprüft werden:

- Reaktionsschnelligkeit
- Aufmerksamkeit
- Konzentrationsfähigkeit

Du setzt einen Kopfhörer auf und erhältst eine Tastatur mit Zahlen von eins bis zehn. Zusätzlich gibt es darauf Buttons in verschiedenen Farben (gelb, blau, grün, rot, grau, schwarz und golden) sowie zwei Fußpedale, die du nach Anweisung betätigen musst. Vor jeder Aufgabenart bekommst du auch hier ein oder zwei Übungsmöglichkeiten.

Formalgespräch
An den Wiener Test schließt sich ein kurzes Einzelgespräch an. Bei diesem sogenannten Formalgespräch prüft ein Mitarbeiter deine persönlichen Daten. Außerdem befragt er dich zu eventuell vorhandenen Tätowierungen, möglichen Vorstrafen und Schulden. Damit endet dein erster Testtag bei der Polizei in Münster.

2.4.2 Zweiter Tag: Polizeiärztliche Untersuchung

Zur polizeiärztlichen Untersuchung, die ebenfalls in Münster stattfindet, solltest du in Sportkleidung erscheinen. Du wirst dich mehrmals an- und auskleiden müssen. Das geht mit bequemer Kleidung schneller und unkomplizierter. Da du erneut Wartezeit überbrücken und später beim Belastungs-EKG körperliche Höchstleistungen erbringen musst, solltest du an Verpflegung, vor allem an Getränke, denken.

Du bekommst zu Beginn der Untersuchungen das Datenblatt mit den Angaben ausgehändigt, die du bei der Bewerbung zum Gesundheitszustand gemacht hast. Diese kannst du gegebenenfalls überarbeiten. Hat sich etwas geändert? Fehlen möglicherweise Informationen? Dann beginnst du mit einem Laufzettel die verschiedenen Stationen „abzuarbeiten“:

- Sehtest
- Gesichtsfelduntersuchung
- Hörtest
- Voruntersuchung
- Ruhe-EKG
- Lungenfunktionstest

- Hauptuntersuchung
- Belastungs-EKG

Bis spätestens 10.00 Uhr musst du deine Urinprobe für den Drogentest abgeben. Erst nach dem Durchlaufen der einzelnen Stationen findet die Hauptuntersuchung statt. An diese schließt sich das Belastungs-EKG an.

Tätowierungen, Piercings und sonstiger Körperschmuck
Bei auffälligem Körperschmuck werden in der Regel Einzelfallentscheidungen getroffen. Als Grundregel gilt in NRW: Tätowierungen sind unproblematisch, solange sie beim Tragen der Uniform nicht sichtbar sind und keine anstößigen oder demokratiefeindlichen Motive zeigen. Neutrale Motive wie Sterne, Blumen oder Namen sind erlaubt. Bei tätowierten Unterarmen dürfen die Motive die Größe eines Handtellers (Handinnenfläche, ohne Finger) jedoch nicht überschreiten. In der Sommeruniform, zu der ein kurzärmliges Hemd gehört, sind sie unverdeckt. Bisher stellten umfangreichere Tattoos im sichtbaren Bereich das Aus für die angestrebte Polizeikarriere dar. Begründet wird diese Entscheidung damit, dass stark tätowierte Menschen angeblich weniger Vertrauen ausstrahlen und von der Allgemeinheit weniger respektiert werden. Beweise gibt es für diese Annahme jedoch nicht.

2017 wurde ein Bewerber wegen eines 20 mal 14 Zentimeter großen Löwen-Tattoos auf dem Unterarm von der Landespolizei Nordrhein-Westfalen abgelehnt, da die Tätowierung die Größe eines Handtellers sprengte, wie Spiegel online am 25.08.2017 berichtete. Das Motiv an sich stellte kein Problem dar. Der Bewerber klagte gegen die Entscheidung. Mit Erfolg. Das Düsseldorfer Verwaltungsgericht entschied, dass er zum weiteren Bewerbungsverfahren zugelassen werden muss. Die Begründung der Richter: Selbst wenn „Teile der Bevölkerung großflächige Tätowierungen für unpassend oder unästhetisch halten", reiche das nicht, um einen Bewerber auszuschließen (Aktenzeichen: 2 L 3279/17). Vielmehr sei ein gesellschaftlicher Wandel zu beobachten. Tätowierungen würden immer gesellschaftsfähiger. Dem müsse der Dienstherr Rechnung tragen.

Das Landesamt für Ausbildung, Fortbildung und Personalangelegenheiten der Polizei sieht das jedoch anders und legte gegen das Urteil Beschwerde ein. Der Bürger habe das Recht auf eine neutrale Polizei, die als Vertretung des Staates Hilfe leistet. Nun muss das Oberverwaltungsgericht in Münster eine Entscheidung treffen.

Tipp:

Willst du sichergehen, dass es keine Schwierigkeiten bei deiner Zulassung zum Polizeidienst in NRW gibt, lass großflächige Tätowierungen an den Unterarmen im Zweifelsfall vor deiner Bewerbung entfernen.

Bei Piercings und sonstigem Körperschmuck kommt es auf die Lage, die Größe und den Umfang an. Generell darf Körperschmuck keine diskriminierenden oder verfassungsfeindlichen Botschaften vermitteln, die Diensttauglichkeit beeinträchtigen oder die Verletzungsgefahr erhöhen. Je kleiner, unauffälliger und neutraler Tattoo, Piercing und Co. sind, desto unproblematischer.

Fingernägel

Bei der polizeiärztlichen Untersuchung werden deine Fingernägel betrachtet. Sehr stark abgekaute Nägel führen zum Ausschluss aus dem Bewerbungsverfahren, da das als Hinweis auf psychische Probleme gewertet wird. Auf gepflegte eigene Fingernägel solltest du daher unbedingt achten. Frauen sollten künstliche Fingernägel entfernen. Falls du ein Problem mit Nägelkauen hast, hole dir am besten vor der Bewerbungsphase therapeutische Hilfe. Geh das Problem aktiv und lösungsorientiert an.

2.4.3 Dritter Tag: Assessment Center und Job-Interview

Assessment Center

Das Assessment Center findet auf einem Revier in der Nähe deines Wohnorts statt. Es besteht in NRW üblicherweise aus drei Teilen: einem Rollenspiel, einem Vortrag und der sogenannten „Postkorbübung“. (In anderen Bundesländern kann eine Gruppendiskussion oder eine Gruppenaufgabe hinzukommen.) Nach der Anmeldung wirst du zusammen mit den anderen Bewerbern von einem Ansprechpartner, der später das Rollenspiel mitgestaltet, begrüßt. Er informiert euch über den Ablauf des Tests und hilft bei Fragen.

Rollenspiel: Eine Konfliktsituation meistern
Die Bewerber stellen sich kurz vor. Anschließend ziehen alle nacheinander aus einem verdeckten Stapel eine Nummer. Danach erhältst du ein Blatt Papier mit einem vorbereiteten Problem. Nach rund zehn Minuten Vorbereitungszeit wirst du ohne die anderen hereingerufen. Das Rollenspiel beginnt. Es geht darum, einen Konflikt mit einem Kollegen möglichst fair auszutragen. Es ist hilfreich, wenn du dich komplett auf die Situation einlässt und den Rollenspieler duzt. Immerhin begegnest du deinen Kollegen später auf Augenhöhe. Nicht immer lässt sich bei diesem Konflikt ein Konsens finden. Manchmal kann das Problem nicht gelöst werden. Entscheidend ist, wie du mit der Gesamtsituation umgehst. Bleibst du höflich, konstruktiv und Herr der Lage? Zeigst du Respekt? Oder lässt du dich womöglich aus der Ruhe bringen?

Zwei Prüfer beobachten und bewerten während des Rollenspiels deine Leistung. Irgendwann brechen sie das Rollenspiel ab. Das geschieht unabhängig davon, ob du die Situation auflösen konntest oder nicht.

Kurzvortrag
Hast du das Rollenspiel gemeistert, musst du einen fünfminütigen Vortrag halten. Dazu ziehst du aus zwei Stapeln verdeckt jeweils ein Kärtchen mit einem Thema und triffst eine Wahl. Im Anschluss bekommst du 15 Minuten Zeit, ein paar Karteikarten und einen Kugelschreiber, um dich vorzubereiten. Du solltest dir für deinen Kurzvortrag eine passende Perspektive und eine sinnvolle Struktur überlegen. Einleitung, Hauptteil und Schluss sollten deutlich erkennbar sein.

Beginne mit der Beantwortung der W-Fragen (Wer? Was? Wie? Wo? Warum? Wann? Welche Folgen?). Achte nach einer möglichst spannenden Einleitung auf stichhaltige und nachvollziehbare Pro- und Contra-Argumente („Sanduhr-Prinzip“ oder „Pingpong“). Zeit für ausgefeilte Formulierungen bleibt dir angesichts der knapp bemessenen Vorbereitungszeit nicht. Stichworte müssen genügen.

Den Vortrag hältst du im Stehen vor den Beamten. Deine beschrifteten Kärtchen darfst du in der Hand behalten. Wichtig ist allerdings nicht nur der Inhalt, sondern auch die Art deines Vortrags. Du solltest auf eine klare, deutliche Ausdrucksweise achten und auch deine Körpersprache nicht außer Acht lassen. Sprachliche Ausdrucksfähigkeit, Ausstrahlung, Auftreten – all das spielt neben dem Inhalt des Gesagten eine Rolle.

Es kommt vor, dass dir die Prüfer hinterher noch inhaltliche Fragen zu dem Thema deines Vortrags stellen.

Struktur Kurzvortrag

- Einleitung (W-Fragen beantworten)
- Hauptteil (Pro- und Contra-Argumente)
- Schluss (Zusammenfassung)

Vortragsstil

- Blickkontakt zum Publikum halten
- frei sprechen
- deutliche, klare Aussprache
- selbstbewusste Körpersprache

Tipp:

Übe das Halten von Kurzvorträgen vor deiner Familie oder Freunden. Geeignete Themen sind „Gerechtigkeit", „Loyalität", „Freiheit" oder konkrete Aufgabenstellungen wie „Wiegt Sicherheit mehr als Freiheit?".

Postkorbübung

Die Postkorbübung ist eine „klassische" Assessment-Center-Aufgabe. Im Kern geht es darum, dass du einen „Postkorb" mit zehn bis zwanzig Aufgaben innerhalb einer vorgegebenen Zeit abarbeiten musst. In Münster erhalten Bewerber für diesen Job ungefähr 15 bis 20 Minuten Zeit.

Ein Rollenspieler übernimmt dabei die Position eines „allwissenden" Kollegen. Er spielt sämtliche Anrufer, hilft aber auch bei Fragen weiter. (Seine Antworten sind allerdings nicht unbedingt eine Hilfe für dich.) Du sitzt an einem Schreibtisch mit Telefon, Kalender, Stift und Notizzettel. Zusätzlich wird dir ein Heft mit Logikaufgaben ausgehändigt. Diese sollst du nebenbei lösen.

Hier werden deine Koordinations- und Konzentrationsfähigkeit in einer Stresssituation auf den Prüfstand gestellt. Schaffst du es, die richtigen Prioritäten zu setzen und den Überblick zu behalten? Leitest du die Informationen, die du am Telefon erhalten hast, korrekt und an die richtige Person weiter? Sind deine Notizen leserlich? Mach dich auf Stress und Hektik gefasst: Das Telefon wird nahezu ununterbrochen bimmeln. Ein Anruf folgt auf den nächsten. Gerichtstermine, Nachrichten an Vorgesetzte, Terminverschiebungen etc. Für das Bearbeiten der Logikaufgaben bleibt dir bei der Hektik kaum Zeit.

Tipp:

Lass dir von den Anrufern schwierige Namen buchstabieren. Wiederhole ihre Kernaussagen knapp, um sicherzugehen, dass du alles mitbekommen hast.

Job-Interview

Nach dem Assessment Center folgt das Vorstellungsgespräch. Dafür kannst du ungefähr 45 bis 60 Minuten einplanen. Zu Beginn stellst du dich kurz vor. Anschließend musst du eine Reihe standardisierter Fragen beantworten. Anders als bei anderen Vorstellungsgesprächen spielt dein Allgemeinwissen keine Rolle. Es geht speziell um die Arbeit und Aufgaben der Polizei. Dafür brauchst du allerdings tatsächlich tiefergehendes Wissen. Darauf gehen wir im nächsten Kapitel detailliert ein.

2.5 Vorstellungsgespräch Polizei

Das Vorstellungsgespräch bildet den Endpunkt des Auswahlverfahrens. Wenn du es bis hierhin geschafft hast, kannst du zu Recht stolz auf deine Leistung sein. Jetzt gilt es, die letzte Hürde mit Erfolg zu nehmen. Dazu sind eine positive Einstellung und eine selbstbewusste Ausstrahlung vorteilhaft. Es hinterlässt einen guten Eindruck, wenn du die Prüfer mit einem angemessen festen Händedruck namentlich begrüßt. Dass du Blickkontakt hältst und alle Anwesenden einbeziehst, ist ebenso wichtig wie eine klare, deutliche Sprechweise. Lass deinen Blick von einer Person zur anderen wandern, während du redest. So beziehst du alle Anwesenden mit ein.

Vorstellungsgespräche bei der Landespolizei können auf zwei Arten stattfinden: strukturiert und unstrukturiert. Beim strukturierten Job-Interview sind die Fragen standardisiert. Dadurch wirkt das Interview strenger und formeller als in anderen Berufen. Es erleichtert den Prüfern den Vergleich zwischen den Bewerbern, denn alle werden in diesem Abschnitt mit den gleichen Fragen konfrontiert.

Das unstrukturierte Job-Interview wirkt etwas lockerer und ähnelt einem richtigen Gespräch. Du kannst es durch deine Antworten ein Stück weit beeinflussen. Du bekommst am Ende die Gelegenheit, selbst Fragen zu stellen. Dann kannst du beweisen, dass du während des Vorstellungsgesprächs aufmerksam zugehört hast.

Typischer Ablauf eines Vorstellungsgesprächs bei der Polizei

Üblicherweise besteht das Vorstellungsgespräch aus fünf Bausteinen:

- Selbstvorstellung des Bewerbers
- standardisierte Fragen
- individuelle Fragen
- Fragen seitens des Bewerbers
- Verabschiedung

2.5.1 Standardisierte und individuelle Fragen

Beim strukturierten Interview musst du – genau wie jeder andere Bewerber – (zahlreiche) standardisierte Fragen beantworten. Die Schwerpunkte sind weitgehend bekannt. Darum kannst du dich darauf eingehend vorbereiten. Allerdings ist es keine gute Idee, passende Antworten auswendig zu lernen. Das fällt sofort auf. Versuche stattdessen, möglichst lebendig zu berichten. Darüber hinaus werden Detailfragen folgen. Du solltest bei deinem Job-Interview so authentisch wie möglich bleiben. Wer klingt wie ein Bewerbungsratgeber, wirkt nicht glaubwürdig auf die Prüfer. Dass du dich im Vorfeld vorbereitet und tiefergehende Gedanken zu dem Polizeiberuf gemacht hat, darf selbstverständlich deutlich werden. Das ist gewünscht. Den Berufswunsch ernst zu nehmen, hinterlässt auf jeden Fall einen positiven Eindruck.

Während des Gesprächs bekommst du möglicherweise Karteikärtchen mit den Standard-Fragen ausgehändigt. Die jeweilige Frage liest du dann laut vor. Anschließend beziehst du dazu Stellung. Möglicherweise bekommst du die Fragen genauso gestellt wie individuelle Fragen.

2.5.2 Die häufigsten Fragen im Vorstellungsgespräch

Die häufigsten Fragen, die du im Vorstellungsgespräch speziell bei der Polizei erwarten kannst, haben wir hier für dich zusammengestellt. Lies unbedingt im ersten Kapitel „Allgemeine Grundlagen“ das Unterkapitel 1.2 zum Thema „Vorstellungsgespräch“. Dort findest du zahlreiche weitere Hinweise, Beispiele und Vorbereitungstipps!

Fragen nach Gründen für die Berufswahl
Die Prüfer interessiert deine Motivation, das „Warum“ hinter deinem Berufswunsch. Auch Vorerfahrungen und nützliche Vorkenntnisse kannst du mit einbringen. Diese können theoretischer Natur sein und aus dem schulischen Unterricht stammen. Ebenso kannst du mit Praktika, Jobs und Ehrenämtern punkten.

Bei deiner Antwort solltest du deine Lebensstationen nicht wahllos aneinanderreihen. Es geht darum, Schlaglichter zu setzen. In den Fokus gehört nur das, was zum Polizeiberuf passt. Im Idealfall arbeitest du den Bezug selbst deutlich heraus. Wer in der Schule beispielsweise als Streitschlichter oder Klassensprecher aktiv war, hat in Konfliktsituationen vermittelt, sich für ein faires Miteinander eingesetzt und Verantwortung für seine Mitschüler sowie organisatorische Aufgaben für die Gemeinschaft übernommen. Diese Fähigkeiten und Erfahrungen sind im Polizeialltag überaus hilfreich. Möglicherweise gibt es in deinem Verwandten- oder Freundeskreis Menschen, die im Polizeivollzugsdienst tätig sind und dich beeindruckt oder in deiner Berufswahl beeinflusst haben. Auch das ist eine Erwähnung wert.

Häufige Fragen

- „Warum haben Sie sich für die Polizeilaufbahn entschieden?“
- „Wie ist es zu Ihrer Berufswahl gekommen?“
- „Aus welchem Grund möchten Sie eine Ausbildung bei der Polizei absolvieren?“
- „Warum bewerben Sie sich bei der Landespolizei?“
- „Welche Ihrer Stärken qualifizieren Sie als Bewerber besonders für den Polizeidienst?“

Gute Antworten

1. „Ich wünsche mir einen zukunftssicheren Beruf, in dem ich ordentlich bezahlt werde. Außerdem sprechen mich die Aufstiegschancen und Spezialisierungsmöglichkeiten bei der Polizei an.“
2. „Ich wollte schon immer gern etwas Menschen machen. Ein reiner Bürojob wäre mir viel zu langweilig. Bei der Polizei erwartet mich ein abwechslungsreiches Tätigkeitsfeld. Kein Tag ist wie der andere. Vor allem freue ich mich auf die Einsatzfahrten. Mir ist bewusst, dass ich auch Berichte schreiben und Zeit hinter dem PC verbringen werde. Aber der Alltag eines Polizisten besteht eben nicht nur daraus. Die Einsätze werden sich vermutlich um Verkehrsunfälle, Ordnungswidrigkeiten und Körperverletzung drehen.“

3. „Mir ist es wichtig, etwas für die Gemeinschaft zu tun. Ungerechtigkeit kann ich einfach nicht stehen lassen. Ich war Klassensprecherin und Streitschlichterin in der Schule. Es gab oft Situationen, in denen ich bei Konflikten vermittelt und eine faire Lösung für alle gefunden habe. Darum denke ich, dass ich für den Polizeiberuf gut geeignet bin. Mein Schulpraktikum habe ich auf dem Revier in meiner Heimatstadt gemacht. Das hat mich in meiner Berufswahl noch bestärkt. Außerdem bin ich sportlich und flexibel."
4. „Bei der Polizei gefällt mir die Mischung aus selbständiger Tätigkeit und Teamarbeit. Ich habe den Eindruck, dass die Kollegen auch bei Konflikten respektvoll miteinander umgehen und zusammen Lösungen finden. Das Team ist wie eine Einheit und alles geht Hand in Hand, ein bisschen wie beim Basketball oder Fußball. Es ein sehr vielseitiger Beruf, bei dem man immer wieder mit neuen Situationen konfrontiert wird und auch immer wieder dazulernt."
5. „Durch meinen Migrationshintergrund bin ich mehrsprachig aufgewachsen. Ich spreche also nicht nur Deutsch und Schulenglisch, sondern fließend Türkisch und ein bisschen Arabisch. Wegen meiner Sprachkenntnisse kann ich im Zweifelsfall bei Streit und Problemen mit Migranten übersetzen und vermitteln. Außerdem bin ich sportlich und belastbar. Mich reizt der Beruf, weil ich all meine Fähigkeiten und Stärken einsetzen kann."

Erklärung und Bewertung

Niemand möchte Bewerber einstellen, die sich nur beworben haben, um überhaupt einen Ausbildungsplatz zu ergattern. Echtes Interesse an der Polizeiarbeit sollte aus deiner Antwort unbedingt deutlich werden. Je mehr sich ein Bewerber mit seinen zukünftigen Aufgaben und seinem Arbeitgeber identifiziert, desto besser. Zum Polizeidienst gehört aufrichtiges Engagement ein Stück weit dazu. Der Dienst an der Gemeinschaft sollte dementsprechend für dich eine gewisse Rolle spielen.

Zu Antwort 1): Wer die Berufswahl vor allem mit egoistischen Motiven begründet (gutes Einkommen, sicherer Arbeitsplatz, Aufstiegsmöglichkeiten) ist ehrlich und realistisch. Zusätzlich punkten wirst du jedoch, wenn du wenigstens einen altruistischen oder inhaltlichen Aspekt nennst. Mit dem Hinweis auf Interesse an einer Spezialisierung zeigst du, dass du dich über entsprechende Möglichkeiten informiert hast. Das könntest du in deiner Antwort noch weiter ausführen. Begeisterst du dich für die Hundestaffel, die Reiterstaffel, die Fliegerstaffel oder eher für die Autobahnpolizei? Die Spezialisierungsarten sind vielfältig.

Zu Antwort 2): „Ich möchte etwas mit Menschen machen" reicht als Begründung für die Berufswahl nicht aus. Der Umgang mit Menschen unterschiedlicher kultureller Herkunft ist zwar ein wesentlicher Bestandteil des Polizeialltags. Diese Antwort ist allerdings dennoch zu nichtssagend und schwammig. Letztendlich könnte der Bewerber dann ebenso gut Altenpfleger oder Lehrer werden. Sehr gut ist darum die Ergänzung dieses Kandidaten, dass eine reine Bürotätigkeit zu uninteressant und eintönig für ihn wäre. Bei der Erwähnung von Einsatzfahrten, möglichen Vorfällen und dem Hinweis, dass Protokolle und Berichte am PC anzufertigen sind, verdeutlicht der Bewerber, dass er recherchiert hat und auf die Realität des Alltags ein Stück weit eingestellt ist.

Zu Antwort 3): Hier äußert sich eine Bewerberin, die einige der Eigenschaften mitbringt, die eine Polizistin im Arbeitsalltag benötigt: Empathie, Verständnis, Ruhe, Organisationstalent. Sie besitzt Sinn für Gerechtigkeit und hat ihre Fähigkeiten bereits als Schülerin aktiv genutzt. Der Verweis auf das Schulpraktikum bringt sie ebenfalls nach vorn. Sie hat zwei oder drei Wochen in den Berufsalltag hineingeschnuppert. Offenbar hegt sie ihren Berufswunsch tatsächlich schon länger. Sie scheint konsequent darauf hingearbeitet zu haben. Diese Zielstrebigkeit und dieser Ehrgeiz werden den Prüfern sicher gefallen.

Zu Antwort 4): Dieser Kandidat betont den Teamgeist bei der Polizei. Für ihn ist aber ebenfalls ein abwechslungsreiches Tätigkeitsfeld und lebenslanges Lernen wichtig. Dadurch, dass er neue Situationen reizvoll findet, gibt er sich als aufgeschlossen, flexibel und lernwillig zu erkennen. Alles, was er sagt, bezieht sich auf die Zukunft. Scheinbar hat er praktisch noch nichts vorzuweisen, was zu seinem Berufswunsch passt. Gerade bei jungen Bewerbern ist das ein Stück weit zu erwarten und nicht unbedingt nachteilig. Wichtig ist in dem Fall zu zeigen, dass eine intensive Beschäftigung mit dem Berufsfeld selbst stattgefunden hat. Der Verweis auf die beiden Ballsportarten legt nahe, dass der Kandidat damit Erfahrung hat, Leistungen im Team zu erbringen.

Zu Antwort 5): Wer sich mit Migrationshintergrund bewirbt, hat gute Karten. Die Polizei legt Wert auf kulturelle Vielfalt und bemüht sich um entsprechende Bewerber. Diese können in der Regel mit Sprachkenntnissen (zum Beispiel wie in diesem Fall mit Türkisch und Arabisch) überzeugen. Der Bewerber verweist darüber hinaus auf seine Belastbarkeit und Sportlichkeit. Beides wird er im Polizeialltag gut gebrauchen können. Seine Belastbarkeit hätte er noch mit einem anschaulichen Beispiel glaubhaft untermauern können. Vielleicht hat er in einem anspruchsvollen Nebenjob gearbeitet oder ein forderndes Ehrenamt (Rettungssanitäter, Mitarbeiter beim Technischen Hilfswerk) übernommen. Konkrete, anschauliche Beispiele wirken stärker als die bloße Nennung einer nützlichen Fähigkeit.

Fragen zu Hintergrundwissen über Ausbildung, Polizeilaufbahn und Polizeiberuf

Als Bewerber solltest du zeigen, dass du dich intensiv mit dem Polizeiberuf und dem Weg dorthin beschäftigt hast. Dabei kann es im Rahmen des Gesprächs durchaus in die Tiefe gehen.

Häufige Fragen

1. „Was erwartet Sie in der Ausbildung?"
2. „Wie läuft das Studium ab?"
3. „Mit welchem Abschluss beenden Sie Ihr Studium?"
4. „Welches sind die Einsatzgebiete der Polizei?"
5. „Worin unterscheiden sich Landespolizei und Bundespolizei?"
6. „Welche Einsätze können Sie auf der Wache XY erwarten?"
7. „Wodurch kam es zur Gründung des ersten SEK?"
8. „Welche Aufgaben hat die Bundespolizei?"

Gute Antworten

1. „Bei der bayerischen Polizei dauert die Ausbildung zweieinhalb Jahre. Unterrichtsinhalte sind Recht, Praxis und Persönlichkeitsbildung. Zu jedem Feld gibt es bestimmte Ausbildungsfächer. Zu „Recht" gehört zum Beispiel allgemeines Polizeirecht, Strafrecht und Verkehrsrecht. In „Praxis" lerne ich, wie ich mich am Einsatzort richtig verhalte, wie Anzeigen bearbeitet werden und ich bekomme eine Waffen- und Schießausbildung. Bei „Persönlichkeitsentwicklung" werden unter anderem Englisch, Berufsethik und Politische Bildung unterrichtet. Am Ende lege ich eine Qualifikationsprüfung ab. Der schriftliche Teil beinhaltet vier Aufgaben. Der praktische, mündliche Teil hat mit einer Einsatzsituation zu tun. Außerdem gibt es einen mündlichen Englischtest. Wenn ich bestanden habe, bekomme ich mein Prüfungszeugnis und die Ernennungsurkunde zum Polizeimeister." (Mehr Informationen zum Ausbildungsablauf findest du hier: www.mit-sicherheit-anders.de/deine-ausbildung/ausbildungsinhalte/)

2. „In Niedersachsen dauert das Studium drei Jahre. Es ein dualer Bachelor-Studiengang, der sich in drei Studienabschnitte aufteilt: Erst absolviert man zwölf Monate ein Grundstudium. Der zweite Studienabschnitt besteht aus einem sechsmonatigen Fachstudium sowie zweimal drei Monaten, in denen berufspraktische Studienzeiten zu den Themen „Einsatz“ und „Ermittlungen“ unterrichtet werden. Dann folgt noch einmal ein zwölfmonatiges Ergänzungs- und Vertiefungsstudium. Am Ende schreibe ich meine Bachelorarbeit und absolviere eine mündliche Prüfung.“ (Mehr Einzelheiten zum Studium in Niedersachsen findest du hier: www.polizei-studium.de/studium,35.html)
3. „Das Studium endet mit dem Bachelor. Zusätzlich bekomme ich ein „Diploma Supplement“ in Deutsch und Englisch. Darin sind die Module und Credits (ECTS) sowie die Gesamtnote aufgelistet.“
4. „Die Hauptaufgabe der Polizei ist die Gefahrenabwehr. Gleichzeitig ist die Polizei zur Aufklärung und Verfolgung von Straftaten verpflichtet. Dazu gehören zum Beispiel die Verkehrsüberwachung sowie die Kriminalitätsbekämpfung. Beamte nehmen Anzeigen auf, verfolgen Tatverdächtige, sichern Spuren und suchen nach Vermissten. Außerdem schützen sie die Bevölkerung bei Demonstrationen.“
5. „Landespolizeien sind vor allem in einem bestimmten Bundesland tätig. Sie übernehmen allgemeine polizeiliche Aufgaben. Die Bundespolizei ist bundesweit bei sonderpolizeilichen Aufträgen im Einsatz. Sie kümmert sich um den Schutz von Flughäfen und Bahnhöfen. Außerdem gibt es Spezialeinheiten: Bei den Landespolizeien sind das die mobilen Einsatzkommandos (MEK) und die Spezialeinsatzkommandos (SEK). Bei der Bundespolizei sind das die GSG 9, die Beweissicherungs- und Festnahmeeinheit Plus (BFE+) und die mobilen Kontroll- und Überwachungseinheiten (MKÜ).
6. „In Bundesländern mit zahlreichen Großstädten wie Nordrhein-Westfalen beispielsweise kümmert sich die Polizei überwiegend um organisierte Kriminalität. In Brandenburg ist das vermutlich kein Schwerpunkt. XY ist eine Kleinstadt.

Ich denke, es wird dort in erster Linie Verkehrsvergehen, Ladendiebstähle und vermisste Personen geben. Allerdings habe ich in der Zeitung auch öfter von Einbrüchen in der Innenstadt, Vandalismus und Messerstechereien gelesen."

7. „Zur Gründung der SEKs kam es nach dem terroristischen Anschlag während der Olympischen Sommerspiele 1972 in München. Es handelte sich dabei um ein Attentat der palästinensischen Terrororganisation Schwarzer September auf die israelische Mannschaft. Dabei wurden alle elf israelischen Geiseln ermordet. Dieses Fiasko führte dazu, dass die deutsche Bundesregierung den Antiterror-Spezialverband Bundesgrenzschutzgruppe 9 (GSG 9) aufstellte. Die Länderpolizeien gründeten Spezialeinsatzkommandos (SEK)."
8. „Die Bundespolizei überwacht die Grenzen, kümmert sich um die Luftsicherheit und überwacht den grenzüberschreitenden Verkehr auf See. Im Notstands- und Verteidigungsfall übernimmt sie polizeiliche Aufgaben. Außerdem ist die Bundespolizei für Cyberkriminalität zuständig."

Fragen zum Polizeialltag

Häufige Fragen

1. „Welche Vor- und Nachteile hat der Beamtenstatus bei der Polizei Ihrer Meinung nach?"
2. „Wo sehen Sie die Vor- und Nachteile des Polizeiberufs?"
3. „Welchen Herausforderungen muss ein Polizist gewachsen sein?"
4. „Wo sehen Sie sich in fünf Jahren?"
5. „Planen Sie, sich auf einen bestimmten Bereich bei der Polizei zu spezialisieren?"

Gute Antworten

1. „Vorteilhaft ist aus meiner Sicht, dass es sich um einen zukunftssicheren Beruf handelt. Die Bezahlung ist gut. Das Einkommen steigt mit den Dienstjahren, und die Pension fällt höher aus als die übliche Rente. Man ist also auch im Alter gut abgesichert. Nachteile könnten die Schichtarbeit und der Dienst an Wochenenden und Feiertagen sein. Das ist

vermutlich nicht immer ganz leicht mit der Familie zu vereinbaren."

2. „Ein echter Vorteil ist, dass der Berufsalltag garantiert nicht langweilig ist. Die Einsatzgebiete sind sehr vielfältig, und es gibt vielfältige Aufstiegs- und Spezialisierungsmöglichkeiten. Mich reizt besonders das Spezialeinsatzkommando (SEK). Ich will sehen, wo meine Grenzen sind. Als Polizist bleibt man immer in Bewegung und tut etwas für die Gesundheit und den Körper. Nachteilig ist, dass man sich den Arbeitsort nicht aussuchen kann. Du wirst in der Stadt und auf der Wache eingesetzt, wo du gebraucht wirst. Ein Wechsel des Bundeslandes ist ohne passenden Tauschpartner nicht ganz so einfach."
3. „Mir ist bewusst, dass der Job durchaus gefährlich sein kann. Man weiß nie, was einen bei einem Einsatz erwartet. Außerdem sieht man eine Menge Gewalt. Nicht alle Menschen begegnen der Polizei mit Respekt. Man liest immer wieder in der Presse, dass Polizisten körperlich angegriffen und verbal beleidigt werden. Bei den Vorteilen sticht für mich heraus, dass man einen Job macht, der wirklich etwas verändert. Als Polizist habe ich die Möglichkeit, gegen Kriminalität vorzugehen und Menschen, die in Not sind, zu helfen."
4. „Erstmal konzentriere ich mich darauf, meine Ausbildung bei der Polizei machen zu können. Soweit in die Zukunft habe ich bisher noch nicht wirklich gedacht. Aber ich hoffe, in fünf Jahren macht mir der Beruf immer noch viel Spaß. Ich sehe mich auf Streife im Kontakt mit der Bevölkerung."
5. „Mein Traum ist es, bei der Wasserschutzpolizei unterzukommen. Allerdings ist das ein sehr gefragter Bereich. Mich interessieren zwei Bereiche: die Sicherung der Wasserstraßen und der Umweltschutz. Wenn für mich alles ideal läuft, bin ich in fünf Jahren in Norddeutschland dabei zu prüfen, dass Vorschriften und Verkehrsregeln auf dem Wasser eingehalten werden, und spüre Schiffe und Privatpersonen auf, die umweltbelastende Stoffe illegal in Gewässern entsorgen."

Erklärung und Bewertung

Zu Antwort 1: Hier wird ein bodenständiger, reflektierter Blick auf die Polizeiarbeit präsentiert. Vor- und Nachteile des Berufs werden realistisch gegeneinander aufgewogen (finanzielle Aspekte versus Vereinbarkeit von Schicht- und Wochenenddiensten mit der Familie). Als Bewerber sollte dir darüber hinaus bewusst sein, dass es mit dem Älterwerden körperlich anstrengender wird, Nachtdienste zu übernehmen und Überstunden in Kauf zu nehmen.

Zu Antwort 2: Für diesen Bewerber steht Action im Vordergrund. Er hebt den abwechslungsreichen Alltag als Vorteil hervor. Mit dem Hinweis auf das SEK zeigt er zusätzlich, dass er bereit ist, im Anschluss an Polizeiausbildung und mehrjährige Berufstätigkeit eine ergänzende, körperlich fordernde Sonderausbildung in Kauf zu nehmen.

Schwerpunkte sind unter anderem eine Kletterausbildung, Fahrsicherheitstraining, Kampfsport sowie Schießtraining. Dass er an seine Belastungsgrenzen gehen will, verrät, dass er sich gut informiert hat. Als Nachteil greift er heraus, dass er seinen Arbeitsort zugewiesen bekommt und nicht ohne weiteres wechseln kann. Dahinter könnten private Gründe stehen. Die körperlichen Belastungen, Überstunden, Wochenend- und Schichtdienste, die der Polizeiberuf mit sich bringt, empfindet er scheinbar nicht als problematisch.

Zu Antwort 3: Die Antwort dieses Kandidaten verrät Idealismus. Er möchte mit seiner Berufstätigkeit etwas bewirken, einen Unterschied machen. Dass damit Gefahren für sein eigenes Leben verbunden sind und Polizisten nicht überall ein positives Image genießen, ist ihm deutlich bewusst. Trotzdem hält ihn das nicht von seinem Berufswunsch ab. Der Wunsch, Menschen zu helfen und Kriminalität zu bekämpfen, steht im Vordergrund. Was der Bewerber noch ergänzen könnte, ist, dass er während seiner Ausbildung lernt, Gefahrensituationen angemessen zu begegnen. Außerdem ist er in der Regel nicht allein vor Ort, sondern kann sich auf das kompetente Einschreiten von Kollegen verlassen.

Zu Antwort 4: Über die Frage, wo er sich in fünf Jahren sieht, hat dieser Bewerber offensichtlich noch nicht allzu viel nachgedacht. Er geht die Dinge schrittweise an. Das könnte negativ als mangelnder Ehrgeiz oder Perspektivlosigkeit ausgelegt werden. Allerdings verrät er mit dem Hinweis auf den Streifendienst auch, dass er sich vor allem diese Tätigkeit vorstellt und den Kontakt mit der Bevölkerung schätzt. Er ist möglicherweise weniger karriereorientiert, sondern schätzt die Sicherheit, die der Beruf des Polizeivollzugsbeamten bedeutet.

Zu Antwort 5: Im Gegensatz zu ihrem Mitbewerber hat diese Polizistin in spe bereits sehr konkrete Pläne, was Spezialisierung und Wunscheinsatzgebiet betrifft. Ihr ist bewusst, dass die Wasserschutzpolizei nicht gerade unter einem Mangel an Bewerbern leidet. Hier als ideale Kandidatin hervorzustechen, wird harte Arbeit erfordern.

Fragen nach konkreten, persönlichen Beispielen aus dem Leben des Bewerbers

Bei diesem Interviewteil geht es darum, dass der Bewerber konkrete Beispiele nennt und nicht allgemein erläutert, wie er sich verhalten würde. Zu lange solltest du nicht überlegen. Nimm dir einen Moment Zeit zum Nachdenken und bring das Beispiel, das dir als Erstes einfällt.

Häufige Fragen

1. „Wie stehen Sie zu Teamwork?"

2. „Welche negativen Erfahrungen haben Sie mit Teamarbeit gemacht?"
3. „Was haben Sie unternommen, als es zu einem Konflikt zwischen Ihnen und einem Ihrer Mitschüler gekommen ist?"
4. „Was war bisher Ihr größter Misserfolg und wie sind Sie damit umgegangen?"
5. „Haben Sie schon einmal einen Rückschlag erlebt, weil Sie sich überschätzt hatten?"

Gute Antworten

1. „In der Schule und in der Uni waren Gruppenarbeiten Alltag. Ich habe es immer als Bereicherung empfunden, im Team etwas zu erarbeiten. Der Vorteil ist, dass man die Aufgaben zwar untereinander aufteilt, sich aber gleichzeitig über alles austauschen kann. Letztendlich stecken alle mitten im Thema. Außerdem kommen so wirklich gute Ideen zusammen. In der Schule gab es manchmal das Problem, dass ein Gruppenteilnehmer die anderen einfach machen ließ, ohne sich einzubringen. Das kam an der Uni nicht mehr vor."
2. „Mit Gruppenarbeit habe ich bisher keine guten Erfahrungen gemacht. Meist war ich in der Schule diejenige, die alles allein ausarbeiten musste. Die anderen haben sich zurückgelehnt und nur die guten Noten abgesahnt."
3. „In der zwölften Klasse hatte ich einen Konflikt mit einer Mitschülerin im Deutsch-Leistungskurs. Wir waren beide sehr aktiv und leistungsstark. Am Ende des Schuljahres gab die Lehrerin mir als Endnote einen Punkt mehr als ihr. Sie fand das ungerecht. Aber ich hatte die bessere Klausur geschrieben. Ich bin zu meiner Mitschülerin gegangen und habe offen mit ihr geredet. Wir haben unsere Noten zusammen nachgerechnet. Dabei kam heraus, dass wir beide fair beurteilt worden waren. Damit war der Konflikt beigelegt."
4. „Ich habe meinen Schulabschluss erst im zweiten Anlauf geschafft. Das war ein ziemlicher Schlag für mich. Mir war klar, dass ich keine guten Noten erwarten konnte. Dafür war ich insgesamt einfach viel zu faul. Aber dass ich in den Abschlussarbeiten so schlecht abschneiden würde, hätte ich nicht gedacht. Erst war ich am Boden zerstört. Meine

Freunde fingen alle mit Ausbildungen an. Ich musste als Einziger noch ein Jahr Schule machen. Ein Jahr später hat es dann funktioniert. Danach habe ich eine Ausbildung als Dachdecker absolviert."

5. „Leider ja. Ich konnte mich nach dem Abitur lange nicht zwischen Ausbildung und Studium entscheiden. Ich wollte beides: Endlich mal praktisch arbeiten und einen akademischen Abschluss. Also habe ich neben meiner Ausbildung ein Fernstudium an der Fernuniversität Hagen angefangen. Ich dachte, dass ich das nebenbei gut schaffen würde. Anfangs gelang es mir gut, beides unter einen Hut zu bekommen. Ich war hochmotiviert. Aber die Lernkurve an der Fernuni ist wirklich steil. Dann wurde auch die Ausbildung fordernder, und ich kam mit Lernen nicht mehr hinterher. Meine Ausbildung war mir letztendlich wichtiger. Also habe ich eine schwere Entscheidung getroffen und das Fernstudium nach eineinhalb Jahren abgebrochen."

Erklärung und Bewertung

Zu Antwort 1: Gruppenarbeit gilt als Baustein zur Entwicklung von Sozialkompetenzen. Außerdem trainiert jeder Teilnehmer die Fähigkeit zur Selbstorganisation, denn die Arbeitsergebnisse müssen zu einem festen Termin vorgelegt werden. Dieser Kandidat räumt zwar mögliche Probleme ein (einer arbeitet nicht mit), zeigt aber, dass er die Vorteile von Teamwork klar erkannt hat.

Zu Antwort 2: Teamfähigkeit steht bei den beim Polizeidienst verlangten Soft Skills weit oben. Wer sich dazu ablehnend verhält, verspielt womöglich Chancen. Zum Glück relativiert diese Bewerberin ihre negativen Erfahrungen. „Social Loafing", Faulenzen auf Kosten der anderen, gehört zu den größten Problemen von Teams. Aber teamfähig zu sein, bedeutet nicht, alles gleichermaßen gut zu finden und kritiklos hinzunehmen. Im Idealfall besteht Teamwork aus einer Kombination von Eigenverantwortlichkeit und gemeinsamer Arbeit mit einem konkreten Ziel. Zur Teamfähigkeit gehört neben Kommunikation und dem Willen zur Kooperation eine positive Grundhaltung: Du solltest Aufgeschlossenheit signalisieren, selbst wenn du gewisse Vorbehalte gegen die Teamarbeit hegst.

Zu Antwort 3: Diese Bewerberin hat den beschriebenen Konflikt sehr gut gelöst: Sie hat das Problem wahrgenommen und versucht, es durch eine sachliche Herangehensweise zu lösen. Damit hat sie sich als überaus sozial kompetent erwiesen. Sie nimmt den Gewinn, den ihre Mitschülerin für das Voranbringen des Unterrichts hat, wahr. Offenbar schätzt sie sie sehr. Andere hätten den Unmut der Mitschülerin vermutlich ignoriert, was zu einer Verhärtung der Fronten und schlechter Stimmung im Kursverband geführt hätte.

Zu Antwort 4: Mit dieser Frage wollen Personaler herausfinden, wie der Bewerber mit seinem Versagen umgegangen ist und was er daraus gelernt hat. Dieser Kandidat hat sich von einem Misserfolg nicht unterkriegen lassen. Er hat die Folgen seines Scheiterns deutlich zu spüren bekommen und sich über sich selbst geärgert. Das heißt, er hat sich als selbstwirksam erkannt. Positiv wirkt, dass er selbst die Verantwortung übernommen, sein Verhalten verändert und die Schule ein Jahr später erfolgreich abgeschlossen. Er lässt sich nicht unterkriegen. Bei seiner Ausbildung hat er offensichtlich sofort Gas gegeben.

Zu Antwort 5: Dieser Bewerber wollte zu viel gleichzeitig, hat sich überfordert und ist letztendlich deswegen gescheitert. In seiner Schilderung wird deutlich, dass er es sich nicht leicht gemacht hat. Die Wahl der Fernuniversität Hagen verrät Ehrgeiz. Die Durchfallquote dort liegt nach eigener Aussage bei 70 Prozent. Er ist also kein Einzelfall. Der Anspruch ist hoch, und ein Fernstudium immerhin eineinhalb Jahre neben der Ausbildung durchzuhalten, ist kein Pappenstiel. Mit seiner Entscheidung, es zugunsten der Ausbildung abzubrechen, beweist der Kandidat, dass er Prioritäten setzen kann.

Fragen und Aufgaben zum Verhalten des Bewerbers in vorgegebenen Situationen

Nach den Fragen zur eigenen Biografie, Stärken, Schwächen und den Einzelheiten zu Ausbildung und Berufsalltag und individuellen Beispielen können situative Fragen folgen. Dabei muss sich der Bewerber gedanklich in verschiedene Situationen versetzen und schildern, wie er sich verhalten würde. Wichtig ist, die einzelnen Schritte ausführlich darzustellen.

Ganz generell: Es spielt keine Rolle, ob du in Dienstkleidung unterwegs bist oder nach Feierabend zufällig auf eine Gesetzesübertretung aufmerksam wirst. Als Polizist bist du permanent im Einsatz. Denke daran, dass du eine Vorbildfunktion innehast. So wie eine Lektorin nicht abschalten kann, dass sie jeden Rechtschreibfehler findet, wenn sie in ihrer Freizeit einen Roman liest, werden auch dir Dinge automatisch auffallen, die nicht gesetzeskonform sind. Freunde und Nachbarn darfst du nicht aus Loyalität heraus schonen.

Häufige Fragen und Aufgaben

1. „Stellen Sie sich vor, Ihr Nachbar hört nachts in der Wohnung nebenan sehr laut Heavy-Metal-Musik. Sie haben am nächsten Tag ein Vorstellungsgespräch. Wie verhalten Sie sich in dieser Situation?"
2. „Nehmen wir an, Sie warten an einer Fußgängerampel. Diese steht auf Rot. Mit Ihnen warten zwei Kinder auf die Grünphase. Plötzlich rennt ein Erwachsener, der es eilig zu haben scheint, an Ihnen vorbei über die rote Ampel. Beschreiben Sie, wie Sie in dieser Situation agieren würden."
3. „Angenommen, Sie sind als Polizist mit einem Kollegen auf Streife. Durch Zufall beobachten Sie, dass ein Autofahrer sein Fahrzeug auf einem Behindertenparkplatz abstellt. Als

er den Wagen verlässt, sehen Sie, dass er körperlich offensichtlich nicht eingeschränkt ist. Was tun Sie?"

4. „Stellen Sie sich folgende Situation vor: Nach Dienstschluss gehen Sie im Supermarkt in Zivilkleidung etwas einkaufen. Sie beobachten, wie zwei junge Erwachsene heimlich Dinge in ihren Taschen verschwinden lassen. Wie reagieren Sie?"
5. „Vor einem Discounter sehen Sie eine Gruppe offensichtlich Minderjähriger. Dann kommt ein Erwachsener aus dem Laden und reicht den Jugendlichen zwei Flaschen hochprozentigen Alkohol und eine Handvoll Wechselgeld. Beschreiben Sie bitte, wie Sie in dieser Situation vorgehen würden."

Gute Antworten

1. „Ich gehe zu meinem Nachbarn, klingele und erinnere ihn an die Hausordnung. Werktags gilt eine allgemeine Nachtruhe von 22.00 Uhr bis 6.00 Uhr. Außerdem erkläre ihm meine Situation. Wenn er daraufhin die Musik nicht leiser stellt, würde ich die Polizei anrufen."
2. „In so einem Fall würde ich trotzdem an der roten Ampel stehen bleiben und den Kindern erklären, dass sich der Erwachsene falsch verhalten hat. Ich denke, es hätte keinen Sinn, hinter dem Erwachsenen herzurennen. Er würde von mir als Zivilisten vermutlich keine Belehrung annehmen. Ich würde mich darum auf die Kinder konzentrieren und sie schützen."
3. „Ich würde ihn ansprechen und fragen, ob er nicht gesehen hat, dass er auf einem Behindertenparkplatz steht. Er darf dort ja nur mit einer außergewöhnlichen Gehbehinderung oder als Blinder parken. Beides kann man in diesem Fall ausschließen. Als Fahrer kann er nicht blind sein und er bewegt sich ohne körperliche Einschränkung. Ich würde ihn darauf hinweisen, dass er sein Fahrzeug umparken muss."
4. „Ich spreche die Jugendlichen an, stelle mich vor und zeige meinen Ausweis. Ich fordere sie auf, ihre Taschen leerzumachen und das Diebesgut herauszugeben. Außerdem lasse ich mir ihre Taschen zeigen. Ich belehre sie, dass sie einen Ladendiebstahl begangen haben und dass das strafbar ist. Anschließend nehme ich ihre Personalien auf."
5. „Es ist verboten, harten Alkohol an Minderjährige weiterzugeben. In dem Fall informiere ich mit dem Handy die Polizei.

Dann bitte ich andere Erwachsene, mir zu helfen oder hole Supermarktmitarbeiter nach draußen. Ich konfrontiere den Erwachsenen damit, dass ich gesehen habe, was er getan hat. Ich fordere ihn auf, den Alkohol wieder an sich zu nehmen und sich auszuweisen. Wenn er das nicht tut, versuche ich, ihn mit den Helfern an Ort und Stelle zu halten, bis die Polizei eintrifft."

Erklärung und Bewertung

Bei der Beantwortung dieser Fragen geht es nicht darum, dass du antwortest wie ein bereits ausgebildeter Polizeibeamter. Vielmehr sollst du zeigen, dass du dich in unterschiedliche Situationen hineinversetzen und Lösungsansätze entwickeln kannst. Es können Vorfälle vorkommen, in denen du deine Freunde, Nachbarn oder gute Bekannte bei Gesetzesverletzungen erlebst. Das kann ein Nachbar sein, der sich sichtlich angetrunken hinter das Steuer setzt. Ein Freund, der seine Frau schlägt. Oder ein Bekannter, der ein parkendes Fahrzeug streift und weiterfährt.

Generell gilt: Du darfst Straftaten nicht hinnehmen. Involviere die Polizei beziehungsweise deine Kollegen, wenn du befangen bist. Fordere in gefährlichen Situationen Unterstützung an. Letztendlich bist du immer im Dienst.

Zu Antwort 1: Die Polizei anzurufen ist das einzig Sinnvolle, wenn sich der Nachbar quer stellt. Die Beamten kommen, verschaffen sich einen Überblick über die Situation und weisen den Nachbarn auf die Ruhestörung hin. Prinzipiell könntest du auch beim Ordnungsamt Anzeige erstatten oder eine Unterlassungsklage gemäß § 1004 und § 906 Bürgerliches Gesetzbuch (BGB) einlegen. Aber beides hilft dir nicht dabei, ausgeruht zu deinem Vorstellungsgespräch zu erscheinen.

Zu Antwort 2: Das Überqueren einer Fußgänger-Ampel bei Rot ist nicht erlaubt und zieht ein Bußgeld von mindestens fünf Euro nach sich. Der Bewerber muss hier eine

Entscheidung treffen, was wichtiger ist: Den Erwachsenen auf sein Fehlverhalten hinweisen oder die Kinder zu schützen.

Zu Antwort 3: Spezielle Parkplätze für Behinderte darf nur jemand in Anspruch nehmen, der einen Behindertenausweis mit der Kennzeichnung „aG“ (außergewöhnliche Gehbehinderung) oder „Bl“ (blind) besitzt. Das ist in § 45 Abs. 1b Nr. 2 der Straßenverkehrsordnung geregelt. Das unbefugte Stehen auf dem Behindertenparkplatz zieht ein Bußgeld von 35 Euro nach sich. Außerdem darf der Wagen abgeschleppt werden. Bereits drei Minuten, nachdem der Fahrer den Wagen abgestellt hat, ist das Abschleppen erlaubt. Die Kosten muss der Fahrzeughalter übernehmen.

Zu Antwort 4: Die Polizei darf Taschenkontrollen durchführen. Alle anderen – Mitarbeiter des Supermarktes oder der Kaufhausdetektiv – dürfen das nicht. Die erwischten Jugendlichen müssen keine sogenannte Fangprämie bezahlen, weil sie nicht von einem Mitarbeiter des Ladens, sondern von der Polizei erwischt worden sind. Aller Wahrscheinlichkeit nach bekommen sie ein Jahr Hausverbot. Sie werden später einen Anhörungsbogen bekommen, in dem sie sich zu dem Vorfall äußern können. Ob eine Strafe zu zahlen oder Sozialstunden abzuleisten sind, wird im Einzelfall entschieden.

Zu Antwort 5: Der Bewerber beruft sich auf das Jedermann-Festnahmerecht nach § 127 der Strafprozessordnung (StPO). Jeder Bürger darf unter bestimmten Voraussetzungen eine andere Person vorübergehend festnehmen: 1. Der Täter muss auf frischer Tat ertappt worden sein. 2. Man muss dem Täter den Grund für die Festnahme mitteilen. 3. Nur wenn er sich weigert, seine Identität preiszugeben, darf man ihn festhalten. Die Fluchtgefahr ist allerdings hoch. Vermutlich werden sowohl die Jugendlichen als auch der Erwachsene versuchen, wegzurennen.

2.6 Interview mit Amelie

Bewerberin für eine Polizeiausbildung im gehobenen Dienst

MH: Wie ist es zu deinem Berufswunsch gekommen?

Also eigentlich war Polizistin schon mein Berufswunsch als ich elf Jahre alt war. Mich hat fasziniert, wie abwechslungsreich dieses Berufsfeld ist. Nach dem Abitur wollte ich mich bei der Polizei bewerben, habe es aber nicht getan, weil ich mich selbst noch nicht reif genug fand. Ich habe mich eher gefühlt wie 16 und war der Meinung, dass ich vorher noch etwas anderes machen sollte. Also habe ich angefangen, Soziale Arbeit zu studieren. Inzwischen bin ich im sechsten Semester und schreibe gerade meine Bachelorarbeit. Alle meine Praktika habe ich bei der Polizei gemacht. Der Wunsch, zur Polizei zu gehen, hat nie nachgelassen. Nachdem meine beste Freundin bei der Polizei in Rheinland-Pfalz angefangen und immer darüber berichtet hat, habe ich mich endlich auch beworben.

MH: Verstehe, dich begleitet dieser Traum wirklich schon sehr lange! Allerdings ist es kein ungefährlicher Job und auch nicht so unbedingt familienfreundlich. Einsätze sind ja rund um die Uhr möglich, auch an den Wochenenden. Welche Rolle spielt das für dich?

Ich arbeite seit meinem 16. Lebensjahr in der Backstube einer Bäckerei mit über 70 Filialen, die alle von meinem Arbeitsplatz aus versorgt werden. Schichtarbeit habe ich dort auch. Ich muss sagen, dass es mir wirklich nie Probleme bereitet hat, nachts zu arbeiten oder auch mal 14 oder 15 Stunden am Stück dort zu sein.

Ich finde, dass man mit solchen Arbeitszeiten rechnen muss, wenn man sich bei der Polizei bewirbt. Dass die Arbeit nicht ganz so familienfreundlich ist wie ein 0815-Job, ist mir bewusst. Allerdings bin ich auch erst Anfang 20 und habe nicht vor, in den nächsten Jahren eine Familie zu gründen. Mein Freund, der seit acht Jahren an meiner Seite ist, kam mit meiner Schichtarbeit in der Bäckerei klar. Also wird es kein Problem für ihn sein, wenn ich als Polizistin länger arbeiten muss oder Nachtdienst habe. Wenn wir dann doch irgendwann eine

Familie gründen wollen, würde ich wahrscheinlich in eine andere Abteilung wechseln oder Sozialarbeiterin bei der Polizei werden wollen. Dann könnte ich das Wissen aus meinem Studium gut einbringen.

MH: Du hast einen beeindruckenden Lebenslauf! Inwiefern hat dir das bei der Bewerbung geholfen?

Eigentlich wusste ich immer, was ich wollte. Und ich kann von mir selbst sagen, dass ich super gerne arbeite und produktiv bin. Also zur Zulassung zum Einstellungstestverfahren hat das wahrscheinlich nicht viel beigesteuert. Das Abitur reicht vollkommen, um teilnehmen zu können. Allerdings haben sich die Prüfer im Einzelgespräch sehr positiv zu meinem Studium geäußert.

Auch das Thema Schichtarbeit kam im Einzelinterview zur Sprache. Durch meinen Job in der Bäckerei konnte ich natürlich gut erklären, wieso mich Schichtarbeit nicht unbedingt negativ stimmt. Ich denke, es ist auf jeden Fall für den Bewerber an sich von Vorteil, wenn er mal längere Zeit im Schichtdienst gearbeitet hat. Meine Schicht beim Bäcker geht offiziell von 2.00 Uhr nachts bis 12.00 Uhr mittags. Oft komme ich aber auch erst gegen 15.00 Uhr raus. Ich habe also reichlich Erfahrung mit wechselnden und langen Arbeitszeiten. Mir ist bewusst, dass „Schicht von sechs bis sechs“ bei der Polizei nicht heißt, dass ich dann um Punkt 6.00 Uhr einfach nach Hause fahre, schon gar nicht, wenn kurz vor Feierabend ein neuer Fall reinkommt.

MH: Wo hast du deinen Test gemacht?

Da es für jedes Bundesland eine Landespolizei gibt und alle ein eigenes Auswahlverfahren haben, habe ich mich in Rheinland-Pfalz und Hessen beworben. Der Test in Rheinland-Pfalz fand in Mainz statt, der Test bei der Landespolizei Hessen in Wiesbaden.

MH: Du hast ja in beiden Bundesländern sämtliche Stationen durchlaufen. Wo waren die größten Unterschiede?

Die Mathe-Aufgaben waren in Rheinland-Pfalz deutlich schwieriger als in Hessen. Dafür war in Hessen der Sporttest anspruchsvoller und die medizinische Untersuchung dauerte eine gefühlte Ewigkeit.

MH: Gerade Mathe ist für viele ein Angst-Fach. Was sollten Bewerber auf jeden Fall können?

Auf jeden Fall Gleichungen, Wurzel ziehen und die Grundrechenarten.

MH: Wie hast du dich auf den Sporttest vorbereitet?

Ich laufe sehr viel und mache seit 2016 Kraftsport. Jetzt gerade leider nicht, da ich wegen einer Mittelohrentzündung pausieren muss. Für den Sporttest habe ich nur mein Lauftraining intensiviert.

MH: Welche Erfahrungen hast du beim Assessment Center gemacht?

Das Assessment Center kam vor dem Einzelgespräch. Da wurde uns als Gruppe eine Aufgabe gestellt. Wir waren vier Leute. Die Lösung mussten wir gemeinsam erarbeiten. Es ging um folgende Situation: Unter Wasser wurde ein zweites Ökosystem aufgebaut. Allerdings herrschten Bürgerkriege und es gab eine Ausgangslage, die das Leben dort beeinträchtigte. Unsere Aufgabe war es, acht Zettel, auf denen jeweils ein Problem des Ökosystems genannt war, nach ihrer Wichtigkeit zu sortieren. Sprich, auf den Zetteln standen Themen wie „Bürgerkriege", „Müll", „Ureinwohner", „Arbeitslosigkeit" und so weiter. Wir haben dabei herausgefunden, dass wir nur drei bestimmte Probleme, die auf den Karten standen, lösen mussten. Danach lösten sich die anderen fünf sozusagen von selbst auf. Das haben wir am Schluss erklärt und dann war die Zeit auch schon vorbei. Wir hatten zum Durchlesen der Karten nur fünf Minuten, für die Diskussion zwölf Minuten. Beim Lesen muss man sich echt beeilen, aber zwölf Minuten für die Diskussion reichen. Man muss die zehn bis 13 Prüfer ausblenden und sich voll auf die Gruppe und die Aufgabe konzentrieren.

MH: Das Vorstellungsgespräch beziehungsweise Einzelgespräch macht vielen Bewerbern Sorgen. Wie liefen diese beiden Job-Interviews bei dir?

Besonders das Gespräch in Rheinland-Pfalz war super locker und angenehm. Vor mir saßen drei Polizisten aus verschiedenen Abteilungen, die mich aus einem Fragenkatalog abgefragt haben. Da wurde sehr viel zu meiner Person an sich, aber auch zu meinem Umfeld gefragt. Neben Fragen, die sich darum drehten, wieso ich zur Polizei will, gab es gestellte Situationen, die ich als Polizistin bewältigen sollte.

MH: Kannst du dazu ein Beispiel geben?

Ja, also in Mainz gab es zum Beispiel diese Situation: „Du wirst zu einer Wohnung gerufen, weil dort häusliche Gewalt durch den Ehemann stattgefunden haben soll. Als du dort ankommst, lässt dich der Ehemann (Moslem) nicht rein und sagt, dass Gewalt an Frauen in seiner Religion üblich sei. Was machst du?"

MH: Keine einfache Situation. Wie hast du darauf reagiert?

Ich habe gesagt, dass ich erstmal Verstärkung anfordern und den Mann darüber aufklären würde, dass man hier bei uns in Deutschland häusliche Gewalt nicht durch die Religion rechtfertigen kann. Dann würde ich mir mit der Verstärkung Zutritt zur Wohnung verschaffen und schauen, ob es der Frau gut geht. Anschließend würde ich klären, ob es der erste Vorfall dieser Art war und sie darauf hinweisen, dass es verschiedene Schutzmöglichkeiten gibt. Wenn sie sich jedoch dazu entscheidet, in der Wohnung zu bleiben und sich der Verdacht bestätigt, dass der Mann seine Frau geschlagen hat, würde ich auf jeden Fall eine Strafanzeige aufnehmen und den Mann, um die Situation an diesem Tag zu schlichten, aus der Woh nung verweisen.

MH: Das war eine sehr ausführliche Antwort! Waren die Prüfer damit zufrieden?

Leider kommentieren sie deine Antworten nicht. Ich konnte aber an ihrer Mimik ganz gut ablesen, dass meine Antwort wohl nicht schlecht war. Lange Zeit zum Überlegen bleibt aber nicht. Die nächste Situation folgt praktisch sofort.

MH: Wie war es in Hessen?

In Hessen saßen ebenfalls drei Polizisten vor mir. Zwei davon waren Dienststellenleiter, aber total lustig drauf. Das Gespräch wurde wieder durch einen Fragenkatalog begleitet. Die Atmosphäre war auch hier echt angenehm. Sie weisen dich zu Beginn des Interviews extra darauf hin, dass du möglichst spontan und vor allem ehrlich antworten sollst.

Also ich fand beide Einzelgespräche super, wobei das in Rheinland-Pfalz noch ein Stück angenehmer war als das in Hessen. Es war überhaupt nicht starr oder unangenehm. Ich hatte mich sehr gut vorbereitet und kannte neben dem Polizeipräsidenten, dem obersten Dienstherrn der Polizei auch alle wichtigen Personen mit Namen, was die Polizisten gelobt haben.

MH: Wie haben sich deine Mitbewerber zu dem Einzelgespräch geäußert?

Andere aus meiner Gruppe fanden das Gespräch anstrengend und konnten auch einige Fragen nicht beantworten. Ich denke, dass Vorbereitung eine wichtige Rolle spielt. Wenn man sich intensiv mit dem Polizeiberuf auseinandergesetzt hat, fühlt man sich sicher und hat nichts zu befürchten.

MH: Hast du schon Rückmeldungen bekommen?

Ich habe nach beiden Gesprächen eine Direktzusage erhalten, sprich, ich komme mit meiner Punktzahl nicht auf eine Rangliste, wovon die 500 Besten eingestellt werden, sondern bin direkt eingestellt, solange ich strafrechtlich bis zum Einstellungstermin nicht auffalle.

MH: Herzlichen Glückwunsch, das ist wirklich beeindruckend! Wie viele Punkte hast du erreicht?

In Rheinland-Pfalz erfährt man die Punktzahl nicht. In Hessen hatte ich über 750 Punkte.

MH: Wie geht es jetzt für dich weiter?

Meine Bachelor-Arbeit über sexuellen Kindesmissbrauch habe ich fast fertig. Dann schließe ich mein Studium im Sommer in der Regelstudienzeit ab. Ansonsten möchte ich unbedingt noch zwei Marathons in diesem Jahr laufen und auf jeden Fall gesund bleiben. Am 1. September beginnt das Studium bei der Polizei.

2.7 Anhang

2.7.1 Landespolizei und Bundespolizei – Grundwissen kompakt

Du brauchst Hintergrundwissen über die von dir angestrebte Tätigkeit bei der Polizei. Unter anderem solltest du den Unterschied zwischen Landespolizei und Bundespolizei kennen. Diese Informationen sind als Starthilfe gedacht. Wir empfehlen aber, dass du dich über diesen ersten Einstieg hinaus mit der Polizei, ihrem Aufbau, den wichtigsten Funktionsträgern und ihrer Geschichte befasst.

Landespolizei

Eine Demokratie basiert auf dem Prinzip der Gewaltenteilung: Legislative (Gesetzgebung), Judikative (Rechtsprechung) und Exekutive (ausführende Gewalt) sollen sich gegenseitig kontrollieren und die Macht des Staates begrenzen. Die Polizei ist ein Exekutivorgan des Staates. Laut Statista waren 2016 in Deutschland ungefähr 220.000 Polizisten im Einsatz.

Zu den wichtigsten Aufgaben der Landespolizei zählen:

- Gefahrenabwendung (Prävention)
- Gewährleistung der öffentlichen Ordnung und Sicherheit
- Regelung des Straßenverkehrs
- Verfolgung von Straftaten und Ordnungswidrigkeiten

Entstehung und Geschichte der Landespolizei-Behörden
Seit dem Zweiten Weltkrieg ist Polizei in Deutschland Ländersache. Das ist in § 30 Grundgesetz geregelt: „Die Ausübung der staatlichen Befugnisse und die Erfüllung der staatlichen Aufgaben ist Sache der Länder, soweit dieses Grundgesetz keine andere Regelung trifft oder zuläßt." Es gibt in Deutschland also 16 Landespolizei-Behörden. Jedes Bundesland besitzt eigene Polizeigesetze. Auch die Uniformen unterscheiden sich. Der zuständige Dienstherr ist der Landesinnenminister beziehungsweise der Innensenator.

Im März 1951 wurden das Bundeskriminalamt und der Bundesgrenzschutz gegründet. Ab 1991 begann der Aufbau der Polizei in den neuen Bundesländern.

Vollzugspolizei
Die Polizeivollzugsbehörden sind in der Regel Teil der unmittelbaren Landesverwaltung. Dazu zählen

- Schutzpolizei (SchuPo)
- Kriminalpolizei (KriPo)
- Bereitschaftspolizei (BePo)
- Wasserschutzpolizei (WaPo)

Bundespolizei (BPOL)

Zusätzlich gibt es zwei Bundesbehörden: die Bundespolizei und das Bundeskriminalamt.

Die Bundespolizei ist dem Bundesministerium des Inneren unterstellt. Ihre Aufgaben und Befugnisse werden durch das Bundespolizeigesetz geregelt. Im August 2017 zählte das Bundeskriminalamt 5.545 Mitarbeiter. Ungefähr die Hälfte (54,7 %) sind Kriminalbeamte, 13,8 % sonstige Beamte. Der Anteil der Tarifbeschäftigten beläuft sich auf 31,9 %. Auszubildende machen 0,3 % aus.

Aufgabenbereiche der Bundespolizei (mit ausgewählten Beispielen):

- Grenzschutz (Überwachung der Grenzen, Grenzfahndung, Abwehr von Gefahren im Zusammenhang mit Grenzübertritt)
- Bahnpolizei (Gefahrenabwehr und Strafverfolgung auf Bahnhöfen und Gleisanlagen)
- Luftsicherheit (Kontrolle von Fluggästen und Gepäck, Überwachung des Flugplatzgeländes)
- internationale Aufgaben (Personenschutz in Krisengebieten, Unterstützung/Beratung der Polizei im Ausland)
- Grenzpolizei auf See (Überwachung und Kontrolle des grenzüberschreitenden Verkehrs, Umweltschutz, Hilfeleistung auf See, Seeunfallermittlung)
- Schutz für Objekte des Bundes (Bundespräsidialamt, Bundeskanzleramt, Auswärtiges Amt, Bundesverfassungsgericht in Karlsruhe)
- polizeiliche Aufgaben im Notstands- und Verteidigungsfall

- Kriminalitätsbekämpfung (einfache Kriminalität, organisierte Kriminalität, gewerbsmäßige Kriminalität, Cyberkriminalität)
- polizeiliche Unterstützung der Bundesländer und -behörden (Aufrechterhaltung oder Wiederherstellung der öffentlichen Sicherheit und Ordnung, Naturkatastrophen)

Etymologie (Wortherkunft)

Der Begriff „Polizei“ selbst stammt von dem altgriechischen Wort „Polis“ ab, was „Stadt“ oder „Staat“ bedeutet. Das umgangssprachliche Wort „Bulle“ geht nicht etwa auf den Stier zurück, sondern auf die Gendarmen des 18. Jahrhunderts. Damals nannte man sie „Landpuller“, „Landbohlwer“ oder „Bohler“. Das wiederum stammt aus dem niederländischen „Bol“, was „kluger Kopf“ bedeutet. (Die Bezeichnung „Bulle“ ist also nicht prinzipiell als Beleidigung zu verstehen.)[1]

---

[1] Vgl. Raschke (2018): www.shz.de/deutschland-welt/panorama/moin-bulle-bratwurst-woher-unsere-woerter-kommen-id19403096.html (abgerufen: 05.05.2018)

2.7.2 Muster-Vorlagen Anschreiben

Mark Muster

Musterstraße 1, 38820 Halberstadt | Tel.: 0171 / 123123 | markmuster@gmail.com

Fachhochschule Polizei Sachsen-Anhalt
– Auswahldienst –
Verschlossene Personalsache
Schmidtmannstraße 86
06449 Aschersleben

Musterstadt, 1. Juni 20XX

Bewerbung um einen Ausbildungsplatz als Polizeimeisteranwärter am Standort Aschersleben zum 1. September 20XX

Sehr geehrter Herr Ansprechpartner,

der Polizeiberuf fasziniert mich seit meiner Kindheit. Mein Schulpraktikum habe ich auf der Polizeiwache in Halberstadt absolviert. Der Einblick in den vielseitigen Alltag des Streifendienstes hat mich in meinem Berufswunsch bestärkt.

Zurzeit besuche ich die zehnte Klasse der Sekundarschule „Am Gröpertor", die ich voraussichtlich im Juli 20XX mit der mittleren Reife erfolgreich abschließen werde. Meine leistungsstärksten Fächer sind Deutsch (Note: 1) und Sport (Note: 1). In Englisch bringe ich gute Schulkenntnisse mit.

Meine Verantwortungsbereitschaft und Teamfähigkeit stelle ich durch regelmäßige Mithilfe beim „Pferdesport und Zuchtverein" unserer Schule unter Beweis. Dort miste ich ehrenamtlich dreimal die Woche Ställe aus und kümmere mich um die Pflege und Versorgung der Tiere.

Den körperlichen Anforderungen des Polizeiberufs fühle ich mich gewachsen: Ich gehe zweimal wöchentlich ins Fitnessstudio und laufe regelmäßig. Das Deutsche Rettungsschwimmabzeichen Gold habe ich vor zwei Monaten bestanden.

Ich freue mich auf die Einladung zum Einstellungsauswahlverfahren.

Mit freundlichen Grüßen aus Halberstadt

Mark Muster

Gül Muster

Gül Muster | gülmuster@t-online.de | Musterplatz 1, 12345 Musterstadt

Akademie der Polizei Hamburg
Einstellungsstelle -AK 02-
Überseering 35
22297 Hamburg

Musterstadt, 6. Januar 20XX

Bewerbung Studium zum Polizeibeamten im Laufbahnabschnitt II

Sehr geehrter Herr Ansprechpartner,

mein Praktikum auf der Polizeiwache in Hamburg hat mich in meinem Wunsch bestätigt, ein Studium bei der Polizei im Laufbahnabschnitt II zu absolvieren. Mich reizen die verantwortungsvolle Tätigkeit, die Zusammenarbeit im Team und das vielfältige Berufsbild.

Im Mai 20XX habe ich das Wirtschaftsgymnasium Am Lämmermarkt erfolgreich mit der Fachhochschulreife abgeschlossen (Notendurchschnitt 2,2). Meine Begabung liegt im sprachlichen Bereich: In Deutsch, Englisch und Spanisch habe ich die Note 2 erreicht.

Was mich neben guten schulischen Leistungen auszeichnet, ist meine interkulturelle Kompetenz: ich bin Türkin und engagiere mich im Verein der türkischen Frauen in Musterstadt und Umgebung e.V. In meiner Freizeit dolmetsche ich oft bei Gesprächen und übersetze Briefe für türkischstämmige Mitbürger.

In meiner Freizeit spiele ich Handball im Verein. Außerdem gehe ich jeden Morgen bei Wind und Wetter joggen und mache zweimal die Woche Krafttraining im Fitness-Center.

Wenn ich Ihr Interesse wecken konnte, freue ich mich auf eine Einladung zum Einstellungsauswahlverfahren.

Mit freundlichen Grüßen

Gül Muster

2.7.3 Muster-Vorlagen Lebenslauf

Mark Muster

Musterstraße 1, 38820 Halberstadt | Tel.: 0171 / 123123 | markmuster@gmail.com

Persönliche Daten

Foto

Geburtstag und -ort: 3. April 2002 in Halberstadt
Mutter: Gesundheits- und Krankenpflegerin
Vater: Elektrotechniker
Geschwister: Jan (22), Krankenpfleger

Bildungsweg

07/2018	Mittlere Reife an der Sekundarschule „Am Gröpertor", Halberstadt, Durchschnittsnote: 2,0
07/2008 – 08/2012	Goethe-Grundschule

Praxiserfahrung

10/2012 – 05/2018	Regelmäßige Mitarbeit beim „Pferdesport und Zuchtverein" der Sekundarschule am Gröpertor, Halberstadt Aufgaben: Ställe ausmisten, Pflege und Versorgung der Tiere
05/2017	Schulpraktikum Polizeiwache Halberstadt Aufgaben: Begleitung auf Streifendienst und bei Verkehrskontrolle, Bericht schreiben

Sprachkenntnisse

Englisch:	Note: „Gut"
Französisch:	Note: „Befriedigend"

EDV-Kenntnisse

MS-Office	Gute Anwenderkenntnisse (Word, Excel, PowerPoint)
Französisch:	Note: „Befriedigend"

Hobbys und Interessen

Sport:	Krafttraining im Fitnessstudio, Laufen (Training für Marathon)
Fotografie:	Tier- und Portraitaufnahmen

Musterstadt, 1. Juni 20XX
Mark Muster

Gül Muster

Gül Muster | gülmuster@t-online.de | Musterplatz 1, 12345 Musterstadt

PERSÖNLICHE DATEN

Geburtsdatum: 14.08.1999
Geburtsort: Musterstadt
Staatsangehörigkeit: Deutsch
Mutter: Selma Muster, Hausfrau
Vater: Hassan Muster, Koch

Persönliche Stärken

Teamfähigkeit	●●●●●●●●●●
Interkulturelle Kompetenz	●●●●●●●●●●
Belastbarkeit	●●●●●●●○○○
Ehrgeiz	●●●●●●●●●○
Sportlichkeit	●●●●●●●●○○

SCHULBILDUNG

08/2005 – 06/2009	Grundschul- und Stadtteilschule Alter Teichweg, Hamburg
08/2009 – 07/2015	Realschule Buchholz Hamburg
08/2015 – 07/2018	Wirtschaftsgymnasium Am Lämmermarkt Abitur, Abschlussnote: 2,2

PRAKTIKA & QUALIFIKATIONEN

07/2017 – 07/2017	Einwöchiges Praktikum Polizeikommissariat 44, Hamburg • Begleitung bei Einsatzfahrten
02/2014 – 03/2014	Einwöchiges Schulpraktikum Polizeikommissariat 47, Hamburg • Einblicke in den Alltag der Polizei

Einwöchiges Praktikum
Feuerwehr, Hamburg

- Abteilung für Technik und Logistik, der vorbeugende Brand- und Gefahrenschutz und die Feuerwehrakademie

Sprachkenntnisse

Deutsch: Muttersprache
Türkisch: Muttersprache
Englisch: fließend in Wort und Schrift,
Französisch: fließend in Wort und Schrift

INTERESSEN & HOBBYS

Verein der türkischen Frauen in Musterstadt und Umgebung e.V., Musterstadt
Tätigkeiten: Dolmetschen, Übersetzen von Behördenbriefen

Handballverein, Musterstadt

Laufen, Krafttraining im Fitnessstudio, Musterstadt

Musterstadt, 6. Januar 20XX Gül Muster

2.7.4 Quellenverzeichnis

Bundeskriminalamt – Fakten und Zahlen:
www.polizei.de/DE/DasBKA/FaktenZahlen/faktenzahlen_node.html
(abgerufen: 29.05.2018)

Bundespolizei: www.bundespolizei.de (abgerufen: 30.05.2018)

Bundesrepublik Deutschland – Grundgesetz:
dejure.org/gesetze/GG (abgerufen: 30.05.2018)

Knobbe, Martin (2018): „Innere Sicherheit. Tausende Stellen bei der Bundespolizei unbesetzt." www.spiegel.de/panorama/justiz/bundespolizei-tausende-stellen-sind-unbesetzt-a-1199910.html
(abgerufen: 30.05.2018)

Offizielles Portal der deutschen Polizei:
www.polizei.de/Polizei/DE/Home/home_node.html
(abgerufen: 29.05.2018)

Polizei-Aufnahmeprüfung Österreich: www.aufnahme-polizei.at
(abgerufen: 31.05.2018)

Polizei-Einstellungstest online üben: eignungsauswahlverfahren.de
(abgerufen: 31.05.2018)

Polizei-Einstellungstest bestehen: uniformkarriere.com
(abgerufen: 31.05.2018)

Statista (2018): Anzahl der Polizisten in Deutschland nach Bundesländern im Jahr 2016:
de.statista.com/statistik/daten/studie/516101/umfrage/polizisten-in-deutschland-nach-bundeslaendern/ (abgerufen: 30.05.2018)

3 Bewerbung bei der Bundeswehr

Die Inhalte dieses Kapitels basieren unter anderem auf Informationen von diesen Websites:

- bundeswehr-einstellungstest.de
- bundeswehreinstellungstest-karriere.de/
- www.bundeswehr-karriere.de
- www.bundeswehr.de
- www.bundeswehrforum.de

Zusätzlich wurden zahlreiche eigene Interviews mit Bewerbern aus verschiedenen Bundesländern geführt, die bereitwillig Auskunft über Testabläufe in Karriere Centern und im Assessment Center für Führungskräfte der Bundeswehr (ACFüKrBw) in Köln sowie ihre Erfahrungen Auskunft gegeben haben. (Herzlichen Dank an dieser Stelle für eure Bereitschaft, zukünftigen Kameraden ein Stück weit die Angst zu nehmen und sie auf ihrem Karriereweg zu unterstützen!)

Ein ausgewähltes Interview findest du zur Veranschaulichung in Unterkapitel 3.7.

Es gibt offizielle Anlaufstellen, wo du dich gezielt über deine Karrieremöglichkeiten bei der Bundeswehr informieren kannst:

- kostenlose Hotline: 0800 / 9800880
- www.bundeswehr-karriere.de
- Facebook-Fanpage: www.facebook.com/bundeswehr.karriere
- Karriereberater finden: www.bundeswehrkarriere.de/beratungsstellenfinder

Quelle: www.bundeswehr.de

3.1 Arbeitgeber Bundeswehr

Die Bundeswehr ist mit mehr als 250.000 Mitarbeitern einer der größten Arbeitgeber Deutschlands.[2] Karrierechancen gibt es nicht nur im militärischen, sondern auch im zivilen Bereich: Du kannst – je nach Schulabschluss – zwischen mehr als 1.000 Berufen und Tätigkeitsfeldern wählen.

- **Der militärische Bereich** umfasst Luftwaffe, Marine, Sanitätsdienst, Streitkräftebasis sowie den Cyber- und Informationsraum.
- **Der zivile Bereich** bietet Arbeitsplätze in Verwaltung, Personalbereich, Militärseelsorge, Entwicklung von Wehrmaterial, Infrastrukturbereich und Rechtspflege.

Zahlen, Daten, Fakten

- 4.200 Menschen absolvieren eine Ausbildung bei der Bundeswehr.
- 179.000 Soldaten sind bei den Streitkräften tätig. Darunter befinden sich rund 21.000 Frauen.
- 85.000 Menschen sind als zivile Mitarbeiter bei der Bundeswehr beschäftigt.
- Soldaten sind von der Sozialversicherungspflicht (Arbeitslosen-, Renten- und Krankenversicherung) befreit.

Quelle: www.bundeswehr.de

[2] www.bmvg.de/de/themen/personal/die-bundeswehr-als-arbeitgeber, abgerufen: 03.04.2018

3.2 Zivile Laufbahn

- offen für Bewerber mit Schulabschluss (Hauptschulabschluss, Realschulabschluss, Fachabitur, Abitur)
- Grundausbildung bei der Bundeswehr ist nicht notwendig.
- Auszubildende tragen keine Uniform.
- Weiterbeschäftigung in militärischer oder ziviler Laufbahn nach Abschluss der Ausbildung möglich
- Verpflichtung: nein

Zivile Ausbildungsangebote der Bundeswehr (für Frauen und Männer)	
Verwaltung, Logistik und kaufmännische Berufe • Verwaltungsfachangestellte • Fachangestellte für Medien und Informationsdienste • Fachkraft für Lagerlogistik • Fachlagerist • Kaufmann für Büromanagement • Pharmazeutisch-kaufmännische Angestellte • Technische Produktdesigner	**Medizin und Gesundheit** • Chemielaboranten • Gesundheits- und Krankenpfleger • Medizinische Fachangestellte • Pharmazeutisch-kaufmännische Angestellte • Tiermedizinische Fachangestellte • Tierpfleger • Zahnmedizinische Fachangestellte
IT und Elektronik • Elektroniker für Betriebstechnik • Elektroniker für Energie- und Gebäudetechnik • Elektroniker für Gebäude- und Infrastruktursysteme • Elektroniker für Geräte und Systeme • Elektroniker für Informations- und Systemtechnik • Fachinformatiker für Systemintegration • Fluggerätelektroniker	**Handwerk** • Anlagenmechaniker für Sanitär-, Heizungs- und Klimatechnik • Baustoffprüfer • Feinwerkmechaniker • Fluggerätemechaniker • Industriemechaniker • Koch • Konstruktionsmechaniker • Kraftfahrzeugmechatroniker • Mechatroniker • Maler und Lackierer • Metallbauer

	• Oberflächenbeschichter • Tischler • Werkstoffprüfer
Zivil – Einstieg mit mindestens Realschulabschluss • Mittlerer nichttechnischer Dienst • Mittlerer naturwissenschaftlicher Dienst • Mittlerer Dienst Fernmelde- und elektronische Aufklärung	Quelle: www.bundeswehrkarriere.de/fuer-schueler/ausbildung/zivile, abgerufen 29.05.2018

3.3 Militärische Laufbahn

- offen für Bewerber mit Schulabschluss (Hauptschulabschluss, Realschulabschluss, Fachabitur, Abitur)
- Mindestalter: 17 Jahre
- Die deutsche Staatsbürgerschaft wird vorausgesetzt.
- Versetzung bundesweit möglich
- Mindestgröße: 1,55 m
- medizinische Eignung
- Bereitschaft zu Auslandseinsätzen
- Eintreten für die freiheitlich demokratische Grundordnung
- Verpflichtung: zwei bis 17 Jahre

Zahlen, Daten, Fakten

- 32 verschiedene Laufbahnen
- drei Teilstreitkräfte
- fünf Jahre Ausbildung zum Offizier
- 68 Dienstgrade

Quelle: www.bundeswehr.de

3.3.1 Vier Karrierewege

Welche der vier Laufbahnen für dich in Frage kommt – die Laufbahn der Mannschaften, Fachunteroffizier, Feldwebel oder Offizier – hängt von deiner schulischen und beruflichen Vorbildung ab. Für den Einstieg in eine militärische Laufbahn musst du mindestens 17 Jahre alt sein. Als Bewerber ohne Schulabschluss hast du die Möglichkeit, nach Erfüllung deiner Vollzeitschulpflicht als Soldat auf Zeit (SaZ) oder Freiwilliger Wehrdienstleistender (FWD) in der Laufbahn der Mannschaften bei der Bundeswehr einzusteigen.

Mannschaften: Mannschaften sind in sämtlichen militärischen Bereichen tätig. Dir steht es frei, später in andere Laufbahnen zu wechseln. Voraussetzung: Es gibt freie Stellen und du bist für die angestrebte Karriere geeignet.

Fachunteroffiziere: Fachunteroffiziere sind meistens nicht mit militärischen Aufgaben befasst. Es handelt sich um Spezialisten in bestimmten Fachbereichen. Dieser Weg ist ideal für Bewerber, die bereits eine Berufsausbildung absolviert haben.

Feldwebel: Feldwebel bei der Bundeswehr nehmen Ausbildungs- und Führungsaufgaben wahr. Du kannst dich für vier Laufbahnen entscheiden: Truppendienst, Geoinformationsdienst, Sanitätsdienst und Militärmusikdienst.

Offiziere: Als Führungskräfte wirken Offiziere bei entscheidenden Prozessen innerhalb der Bundeswehr mit. Mögliche Einsatzbereiche sind der Truppendienst, der Sanitätsdienst, der militärfachliche Dienst, der Militärmusikdienst und der Geoinformationsdienst. Offiziere werden nach ihrer akademischen Bildung in den fachlichen Bereichen der Bundeswehr eingesetzt.

3.3.2 Feldwebel bei der Bundeswehr

- **Ausbildungsdauer**: 24 bis 42 Monate in verschiedenen Lehrgängen je nach Fachrichtung und Berufswahl
- **Voraussetzung:** Dienstverpflichtung für zwölf Jahre
- **Ausbildungsorte**: Unteroffiziersschulen (Ausbildungskasernen) oder dual bei der Bundeswehr und in der Berufsschule
- **Prüfung:** Bundeswehr; eventuell Ausbildungsinstitutionen

- **Zugangsvoraussetzungen**: deutsche Staatsangehörigkeit; Mindestalter: 17 Jahre (Höchstalter: 24); Hauptschulabschluss mit Berufsausbildung oder Realschulabschluss
- **Eignungsprüfung**: zweitägig in einem Zentrum für Nachwuchsgewinnung
- **Eignung:** technisches Verständnis; Durchsetzungsvermögen; körperliche Fitness; Teamfähigkeit
- **Aufgaben**: Ausbildung und Führung unterstellter Truppen aus Heer, Luftwaffe, Marine oder der Streitkräftebasis; Einsatz als Führungskraft in multinationalen Einsätzen in Krisenregionen
- **Spezialisierungsmöglichkeiten:** Heer, Luftwaffe, Marine, Sanitätsdienst, Streitkräftebasis
- **Perspektiven:** Einsatz entsprechend der Fähig- und Fertigkeiten; Auslandseinsätze; Karriere als Berufssoldat oder nach Ende der Dienstzeit Wechsel in zivilen Beruf

3.3.3 Offizier bei der Bundeswehr

- **Ausbildungsdauer**: 71 bis 75 Monate je nach Fachrichtung und Berufswahl
- **Voraussetzung:** Dienstverpflichtung für 13 Jahre, 16 Jahre (Luftwaffe), Sanitätsdienst (17 Jahre)
- **Ausbildungsorte**: Offizierschule, Studium an der Universität der Bundeswehr, Marineschule, Segelschulschiff „Gorch Fock"
- **Prüfung:** Bundeswehr
- **Zugangsvoraussetzungen**: deutsche Staatsangehörigkeit; Mindestalter: 17 Jahre (Höchstalter: 29); Fachabitur oder Abitur
- **Eignungsprüfung**: dreitägiges Offizier-Auswahlverfahren beziehungsweise Assessment Center für Offiziere im Assessment Center für Führungskräfte der Bundeswehr (ACFüKrBw) in Köln

- **Eignung:** Führungsqualitäten; Planungs- und Organisationsgeschick; Durchsetzungsvermögen; körperliche Fitness; Verantwortungsbereitschaft
- **Aufgaben**: Ausbildung und Führung unterstellter Truppen aus Heer, Luftwaffe, Marine oder der Streitkräftebasis; Einsatz als Führungskraft in multinationalen Einsätzen in Krisenregionen
- **Spezialisierungsmöglichkeiten:** Heer, Luftwaffe, Marine, Sanitätsdienst, Streitkräftebasis
- **Perspektiven:** Einsatz entsprechend der Fähig- und Fertigkeiten; Auslandseinsätze; Karriere als Berufssoldat oder nach Ende der Dienstzeit Wechsel in zivilen Beruf

Ausbildungsdauer im Heer (75 Monate)

- Sechs Monate: Offiziersanwärterlehrgang (Grundausbildung)
- Drei Monate: Offizierslehrgang Teil I (Offizierschule des Heeres)
- Zwei Monate: Sprachausbildung
- Drei Monate: Truppenpraktikum
- 48 Monate: Studium (Universität der Bundeswehr in Hamburg oder München)
- Drei Monate: Offizierslehrgang Teil II (Offizierschule des Heeres)
- Zehn Monate: Offizierslehrgang Teil III (Ausbildung zum Zugführer, Speziallehrgänge)

Ausbildungsdauer in der Luftwaffe (71 Monate)

- Drei Monate: Grundausbildung (Luftwaffenausbildungsbataillon)
- Sieben Monate: Offiziersanwärterlehrgang (Offizierschule der Luftwaffe)
- Vier Monate: Grund- und Vorpraktikum oder Truppenpraktikum
- 48 Monate: Studium (Universität der Bundeswehr in Hamburg oder München)

- Neun Monate: militärfachliche Ausbildung

Ausbildungsdauer in der Marine (72 Monate)

- Eineinhalb Monate: militärische Basisausbildung (Marineschule)
- Neuneinhalb Monate: Offiziersgrundlehrgang (Offizierschule der Marine, einschließlich acht Wochen seemännische Basisausbildung auf dem Segelschulschiff „Gorch Fock“
- Drei Monate: infanteristische Basisausbildung (Marineunteroffizierschule), Grundpraktikum Truppe als Truppenführer
- 48 Monate: Studium (Universität der Bundeswehr in Hamburg oder München)
- Neun Monate: Militärfachliche Ausbildung

3.4 Bewerbung

3.4.1 Bewerbung für die zivile Laufbahn

1. Du bewirbst dich schriftlich bei der zuständigen Dienststelle oder online unter bewerbung.bundeswehrkarriere.de.
2. Danach beginnt das Auswahlverfahren. Es kann dich in ein Karrierecenter, Assessment Center oder in ein Dienstleistungszentrum führen.
   Typische Bestandteile des Auswahlverfahrens umfassen …
   - ein Bewerbungsgespräch,
   - schriftliche und praktische Tests,
   - eine ärztliche Untersuchung,
   - einen Sporttest,
   - einen Kurzvortrag und
   - ein Auswahlgespräch.

3.4.2 Bewerbung für die militärische Laufbahn

1. Vereinbare unbedingt ein Gespräch mit einem der über 400 Karriereberater der Bundeswehr in deiner Nähe. Er beantwortet dir sämtliche Fragen und nimmt deine Bewerbungsunterlagen entgegen. Diese reicht er an ein Karrierecenter der Bundeswehr oder das Assessment Center für Führungskräfte weiter. Kontaktmöglichkeiten findest du auf der Website bundeswehrkarriere.de oder unter der kostenfreien Rufnummer 0800 / 9800880. Alternativ kannst du dich unter bewerbung.bundeswehrkarriere.de online bewerben.
2. Nach Eingang deiner Unterlagen wirst zu einem Eignungstest in ein Karrierecenter eingeladen. Bewirbst du dich als Führungskraft, wirst du zum Assessment Center für Führungskräfte der Bundeswehr nach Köln gebeten.

Bewerbungsunterlagen

Folgende Unterlagen musst du einreichen:

- Bewerbungsbogen (einfach)
- Zusatzfragebogen (einfach)
- Lebenslauf (tabellarisch)
- Geburtsurkunde/Abstammungsurkunde/Auszug aus dem Familienstammbuch
- Nachweis über den Schulabschluss (oder letztes ausgehändigtes Zeugnis)

Zusätzlich können folgende Unterlagen dazukommen, falls etwas davon auf dich zutrifft:

- Studiennachweise
- Gesellen-, Gehilfen-, Facharbeiter- oder Meisterbrief
- Arbeitszeugnisse beziehungsweise Arbeitsbescheinigungen
- finanzielle Verpflichtungen (Kreditvertrag, Ratenkauf)
- Registrierschein beziehungsweise Aufnahmeschein bei Flüchtlingen/Aussiedlern/Übersiedlern/Vertriebenen

Quelle: www.bundeswehrkarriere.de

3.4.3 Eignungstest

Die Eignungsfeststellung für die Feldwebel-Laufbahn und die Offizierslaufbahn ist ähnlich.

Der Eignungstest besteht in der Regel aus …

- einem CAT (computerassistierter Test),
- einem Vorstellungsgespräch mit einem Offizier und/oder einem Psychologen,
- einer medizinischen Eignungsuntersuchung (Musterung) und
- einem Sporttest.

Bist du Offiziersanwärter, kommen sogenannte Gruppensituationsverfahren (GSV) und ein Kurzvortrag dazu.

3.4.4 Dresscode

Zur Eignungsfeststellung für die Unteroffizierslaufbahn oder die Offizierslaufbahn solltest du in Anzug oder Kostüm erscheinen. Du bewirbst dich um eine Ausbildung als Führungskraft. Als solche nimmst du eine Vorbildstellung ein und stellst eine Respektsperson dar. Dementsprechend sollte dein Auftreten sein.

Für den Sporttest brauchst du Sportkleidung sowie qualitativ hochwertige Hallenturnschuhe mit Profil. (Du wirst beim sogenannten Pendellauf dankbar sein, wenn du auf dem glatten Boden nicht wegrutschst.) Die ärztliche Untersuchung bringst du am besten in bequemer Kleidung hinter dich. Dabei musst du unter anderem 20 Kniebeugen machen. Dein Puls wird vor und nach der Belastung gemessen. Außerdem wirst du nach familiären Erkrankungen gefragt.

3.5 Eignungsfeststellung

Bei der zweitägigen Eignungsfeststellung für die Unteroffiziers- und Offizierslaufbahn musst du deine Fähigkeiten in mehreren Stationen unter Beweis stellen. Du übernachtest während des Testverfahrens mit den anderen Bewerbern in Mehrbettstuben auf dem Gelände der Bundeswehr.

Sei pünktlich. Kalkuliere eventuelle Verspätungen von öffentlichen Verkehrsmitteln und Stau auf der Autobahn mit ein. Hast du einen weiten Weg vor dir? Dann ist es in sinnvoll, bereits einen Tag vorher anzureisen. Das reduziert den Stress und gibt dir die Chance, dich auf dem Gelände umzuschauen. Nimm eine Armbanduhr mit, denn dein Handy muss auf der Stube bleiben. Ebenfalls sinnvoll: Stifte und ein Hefter zum knickfreien Unterbringen der Unterlagen, die du während der Eignungsfeststellung erhältst. Kannst du problemlos auf unliniertem Papier schreiben? Falls nicht, nimm zur Sicherheit liniertes Papier zum Unterlegen mit.

3.5.1 Einstellungstest für die Unteroffizierslaufbahn

Der Bundeswehr Einstellungstest für die Unteroffizierslaufbahn findet in einem Karrierecenter der Bundeswehr statt. Ort und Termin werden dir in einem Einladungsschreiben mitgeteilt.

Die Laufbahn der Unteroffiziere unterteilt sich zwar in die drei Kategorien Fachunteroffiziere, Feldwebel des Fachdienstes und Feldwebel des Truppendienstes. Der Einstellungstest ist allerdings für alle Bewerber gleich. Geprüft wird deine prinzipielle Befähigung für die Laufbahn. Für welche der drei Kategorien du letztendlich in Frage kommst, erfährst du bei der Einplanung.

3.5.2 Einstellungstest für die Offizierslaufbahn

Der Eignungstest für die Offizierslaufbahn findet im Assessment Center für Führungskräfte der Bundeswehr in der Mudra-Kaserne in Köln statt.

Tipp:

Am ersten Tag gibt es keine Truppenverpflegung. Darum solltest du genug Essen und Getränke mitnehmen. Ein griechisches und ein italienisches Restaurant sind in Laufnähe. Am Ende des ersten Tages kannst du dich dort stärken.

3.5.3 Testverfahren 1. Tag: Ankunft und Einführung

Nach deiner Ankunft im Karrierecenter beziehungsweise in der Kaserne erhältst du Bettzeug und deinen Zimmerschlüssel. Nachdem du für beides unterschrieben hast, beziehst du dein Bett und verstaust deine persönlichen Dinge im Spind. Du hast kurz Gelegenheit, deine Mitbewerber kennen zu lernen. Außerdem solltest du in einen Anzug, ein Kostüm oder zumindest in eine Stoffhose und Hemd beziehungsweise Bluse schlüpfen.

Dann beginnt die erste offizielle Veranstaltung. Zunächst wird der Ablauf des Verfahrens mithilfe einer PowerPoint-Präsentation erklärt. Für die Offiziersanwärter gibt es noch einen Vortrag mit Einzelheiten zum Studium bei der Bundeswehr und einen weiteren speziell zum Sanitätsdienst.

„Laufzettel"

Du bekommst einen persönlichen „Laufzettel" ausgehändigt, damit du weißt, wo du wann für welchen Test eingeplant bist. Die Bewerber werden in kleine Gruppen eingeteilt und durchlaufen die Prüfstationen aus organisatorischen Gründen in unterschiedlicher Reihenfolge. Das hilft, Wartezeiten zu verkürzen. Du wirst einem bestimmten Buchstaben zugeordnet. Alle Kandidaten mit diesem Buchstaben haben ungefähr den gleichen Ablauf.

Biografischer Fragebogen und Formulare

Im Anschluss an die Präsentation erhältst du einen biografischen Fragebogen. Er muss an Ort und Stelle innerhalb von 30 Minuten ausgefüllt werden. Inhaltlich geht es um diverse Fragen zu deiner Biografie, deiner Schulbildung, ausgeübten Nebenjobs, ehrenamtlichen Tätigkeiten, deiner angestrebten Laufbahn bei der Bundeswehr, Hobbys und zu deiner familiären Situation. Dieser Fragebogen stellt eine Vorbereitung auf das Einstellungsgespräch dar. Darauf wird später Bezug genommen. Darum solltest du die Fragen ehrlich beantworten. Schwindeleien fliegen spätestens bei der Unterhaltung mit den Prüfern auf.

Fragen für Unteroffiziersanwärter:

- „Welches Ereignis Ihrer Schulzeit hat Ihr späteres Leben beeinflusst?"
- „Welche Einflüsse hat Ihre häusliche Erziehung auf Sie gehabt?"
- „Was haben Sie aus Ihren bisherigen beruflichen Stationen menschlich und fachlich mitgenommen?"
- „Welche Hobbys betreiben Sie und wie wirken sich diese auf Ihre Person aus?"
- „Was erwarten Sie sich von der Bundeswehr?"
- „Was ist Ihr ‚Plan B', falls es mit der Bundeswehr nicht klappen sollte?"

Fragen für Offiziersanwärter:

- „Wie viel Zeit verbringen Sie mit Lernen, um auf Ihren aktuellen Notendurchschnitt zu kommen?"
- „Haben Sie schon einmal Verantwortung übernommen? Wenn ja, bei welcher Gelegenheit?"
- „Haben Sie schon einmal etwas Ehrenamtliches gemacht?"
- „Arbeiten Sie am liebsten im Team, alleine oder zu zweit?" (Hier musst du eine Reihenfolge angeben. Eine Begründung solltest du dir ebenfalls überlegen.)
- „Wie viele Stunden verbringen Sie täglich damit, sich über das Weltgeschehen zu informieren?"
- „Was waren früher Ihre Hobbys? Welche verfolgen Sie heute?"
- „Wo sehen Sie Ihre Stärken und Schwächen?" (Hier stehen jeweils drei Zeilen für Eintragungen zur Verfügung.)

- „Warum wollen Sie Offizier bei der Bundeswehr werden?“
- „Können Sie sich Probleme während der Ausbildung zum Offizier vorstellen?“
- Vier Fragen über deine Bereitschaft, an Auslandseinsätzen teilzunehmen

Als Offiziersanwärter erhältst du ein zweites Formular, in das du deine Noten und Studienwünsche einträgst. Die Wahl für deinen Wunschstudiengang solltest du stichhaltig begründen können. Diesen Bogen kannst du später in Ruhe auf dem Zimmer ausfüllen.

Bist du Sanitätsoffiziersanwärter (SanOA) mit dem Studienwunsch Humanmedizin? Dann bekommst du einen Sanitätsfragebogen ausgehändigt. Darin musst du unter anderem erläutern,

- warum du Medizin studieren möchtest,
- was einen Sanitätsoffizier ausmacht,
- ob du für diesen Beruf geeignet bist und
- woran sich das erkennen lässt (Hier solltest du ein konkretes Beispiel geben.).

In der Regel darfst du den Sanitätsfragebogen ebenfalls in Ruhe auf der Stube ausfüllen und erst am nächsten Morgen abgeben.

3.5.4 Prüfstationen für Unteroffiziers- und Offiziersanwärter

Im Einzelnen bestehen die Prüfstationen aus ...

- einem computergestützten Intelligenztest (CAT) zu Logik, Mathematik, Technik und Konzentrationsfähigkeit,
- einem Deutschtest,
- einer ärztlichen Untersuchung (Musterung),
- einem Job-Interview (Einstellungsgespräch) und
- einem Sporttest.

Ergänzend für Offiziersanwärter:

- Gruppensituationsverfahren (Planspiele und Vortrag)
- Studieneignungsfeststellung

Am Ende folgt deine Einplanung. Maßgeblich dafür sind drei Kriterien: deine Wunschverwendung, deine Leistungen und der gegenwärtige Bedarf der Bundeswehr. Bist du Offiziersanwärter, kommt ein Studienberatungsgespräch auf dich zu, falls der gewünschte Studiengang für dich nicht in Frage kommt. Darum solltest du dir vorher bereits alternative Verwendungsmöglichkeiten überlegen.

Computergestützter Intelligenztest (CAT)

Der computergestützte Test besteht überwiegend aus Multiple-Choice-Aufgaben: Aus vier Vorgaben musst du die richtige auswählen. Die Aufgaben sind zeitgebunden.

Tipp:

Solltest du eine Aufgabe nicht beantworten können, versuch die Lösung zu erraten. Deine Trefferchance liegt immerhin bei 25 %.

Der Computertest beinhaltet ...

- Wortanalogien (heiß: kalt = nass: ?)
- Rechtschreibaufgaben
- Mathematik (Matrizen, Flächenberechnung, Volumenberechnung, Prozentrechnung, Dreisatz, Geometrie)
- Fragen zum technischen Verständnis
- Englisch (Sätze vervollständigen)

Für jede einzelne Aufgabe hast du drei Minuten Zeit.

Mechanischer Kenntnistest (MKT)

Der MKT wird am Computer absolviert. Hier stellst du dein physikalisches Vorwissen und dein logisches Denkvermögen unter Beweis. Der Test kann sich von Bewerber zu Bewerber unterscheiden. Dabei wird mit Bildern und Antwortvorgaben (Multiple Choice) gearbeitet. Beispielsweise bekommst du Zahnräder zu sehen und musst entscheiden, in welche Richtung sie sich drehen. Der Schwierigkeitsgrad, Umfang und auch die Inhalte sind abhängig von ...

- deiner angestrebten Laufbahn,
- deiner gewünschten Verwendung,

- deinem Schulabschluss und
- deiner beruflichen Vorbildung.

Beispiele:

- „In welche Richtung fliegt ein Paket, das man aus einem Flugzeug wirft?“
- „Welche Schraube ist für Holz geeignet?“
- "Wo ist der Wasserdruck am niedrigsten?“

Sanitätstest

Diesen Test musst du nur als Sanitätsbewerber absolvieren. Er besteht aus zwei Teilaufgaben, die den Aufgaben aus dem Test für medizinische Studiengänge (TMS) ähneln. In jedem Bereich erwarten dich 20 Aufgaben.

1. **Quantitative und formelle Probleme:** Hierbei handelt es sich um Rechenaufgaben, die einen Bezug zu medizinischen Fragestellungen aufweisen. Du musst den Dreisatz anwenden, Formeln umstellen und Einheiten umrechnen.
2. **Naturwissenschaftliches Leseverstehen:** Du bekommst einen längeren Text zu einem medizinischen Thema. Im Anschluss prüfst du unter Zeitdruck Aussagen dazu auf ihre Korrektheit. Dabei wird deine Konzentrationsfähigkeit auf eine harte Probe gestellt. Die Sätze sind lang und komplex. Außerdem musst du auf doppelte Verneinungen achten.

Persönlichkeitstest

Innerhalb des Persönlichkeitstests werden rund 120 Fragen gestellt. Sie geben Aufschluss über deinen Charakter. Mögliche Themen sind unter anderem der Gebrauch von Schusswaffen, dein Demokratieverständnis oder dein Verhalten bei Konflikten. Die Antwortmöglichkeiten reichen von „Ich stimme absolut zu“ bis „Ich stimme nicht zu.“ Achtung: Diese Fragen wiederholen sich in unterschiedlicher Form. Diskrepanzen fallen dadurch sofort auf. Außerdem werden dir teilweise exakt die gleichen Fragen während des Vorstellungsgesprächs erneut begegnen. Darum solltest du sie unbedingt wahrheitsgemäß beantworten.

Beispiele:

- „Stimmen Sie zu, dass das Reden mit Ausländern Sie bereichert?“
- „Ich konsumiere oft Alkohol.“
- „Mit einer Waffe fühle ich mich stark.“

Ärztliche Untersuchung (Musterung)

Die ärztliche Untersuchung entspricht der Musterung. Am Ende bekommst du einen Tauglichkeitsgrad. Um Offizier werden zu können, benötigst du Tauglichkeitsgrad T1 oder T2.

Auf folgende Tests und Messungen kannst du dich einstellen:

- Sehtest (Sehschärfe, Farbsicht, Dämmerungssehen)
- Blendungstest
- Messung von Körpergewicht und Körpergröße
- Hörtest
- Urinprobe (einschließlich Drogentest)
- Messung von Blutdruck (vor und nach 20 Kniebeugen)
- Analyse der Körperhaltung (Füße, Beinlänge usw.)
- Analyse der Körpererscheinung (Profil usw.)
- Beweglichkeitstest

Infobox: Tauglichkeitsgrade

Beim Tauglichkeitsgrad „wehrdienstfähig“ gibt es zwei Verwendungsgrade:

T1 (voll verwendungsfähig):

- keine Gesundheitsstörungen
- keine Verwendungsausschlüsse im Verwendungsausweis
- keine Fehlsichtigkeit (Grenze etwa +/−1 dpt)
- keine feste Zahnspange
- Die Verwendungsbezeichnung X1 ist wichtig für das Wachbataillon: Ein Soldat darf keinen Bart tragen. Er darf nicht sichtbar übergewichtig sein. Mindestgröße: 1,79 m; Höchstgröße: 1,95 m

T2 (verwendungsfähig mit Einschränkung für bestimmte Tätigkeiten)

- Körpergröße unter 1,79 m oder über 1,95 m
- leichte Gesundheitsstörungen:
    - beginnende Wirbelsäulen- und Gelenkveränderungen
    - Allergien mäßiger Ausprägung (zum Beispiel Heuschnupfen)
    - Fehlsichtigkeit bis zu Werten von bis zu +/−8 dpt (sph) und/oder +/−5 (cyl)
    - Probleme mit den Augen, zum Beispiel Rot/Grün-Schwäche

Sporttest

In der Regel besteht der Sporttest aus drei Komponenten: einem Sprinttest (Pendellauf), der Klimmhangübung und einem Fahrrad-Ergometer-Test.

Sprinttest

Beim Sprinttest, auch Pendellauf genannt, werden deine Koordinationsfähigkeit und Schnelligkeit geprüft. Du solltest für die gesamte Übung weniger als 60 Sekunden benötigen: In der Ausgangsposition liegst du auf dem Bauch auf einer Matte. Deine Hände berühren sich auf dem Rücken. Ertönt das Startzeichen, sprintest du zu einer zehn

Meter entfernten Pylone und wieder zurück. An der Matte umläufst du die Wendemarke. Danach begibst du dich zurück in deine Ausgangsposition. Nach fünf Runden rennst du bis zur Höhe der Pylone, wo deine Zeit gestoppt wird. (Um mit Note Eins abzuschließen, solltest du die Aufgabe in unter 40 Sekunden bewältigen.)

Klimmhangübung
Du stehst auf einen Kasten und umfasst eine Reckstange im Kammgriff: Deine Handrücken und Daumen zeigen dabei nach außen. Im Idealfall befinden sich deine Schultern auf Höhe der Reckstange. Dabei beugst du die Arme so weit wie möglich. Anschließend hebst du die Beine und der Kasten wird unter dir entfernt. Du musst dich also nicht selbst hochziehen, sondern nur hängen bleiben. Halte deine Position mindestens fünf Sekunden lang. (Wer eine Eins erreichen möchte, sollte 75 Sekunden oder länger ausharren.)

3.000-Meter-Fahrrad-Ergometer-Test
Drei Kilometer musst du in weniger als 6:30 Minuten zurücklegen. Medizinisches Personal überwacht die Übung. Du darfst eine bestimmte Herzfrequenz (120/Minute) nicht überschreiten (Um mit Eins abzuschließen, musst du die Strecke in unter 4:30 Minuten bewältigen.).

Deutschtest (für Offiziersanwärter)

Deine Aufgabe beim Deutschtest besteht darin, einen kurzen Aufsatz zu verfassen. Dafür hast du 30 Minuten Zeit. Es gilt, zwei ähnliche Begriffe zu definieren und voneinander abzugrenzen. Dein Text sollte übersichtlich in drei Teile eingeteilt sein: Einleitung, Hauptteil und Fazit. Die Bewerber werden in zwei Gruppen (A und B) eingeteilt, damit niemand abschreibt. Jede Gruppe erhält zwei Wortpaare, von denen du eines auswählst.

Beispiele:

- Liebe und Zuneigung
- Buße und Reue
- Erinnerung und Gedächtnis
- Resignation und Verzweiflung

- Angst und Furcht
- Ärger und Wut
- Schwäche und Nachgiebigkeit
- Märchen und Legenden
- Kraft und Stärke
- Widerstand und Streik
- Recht und Gerechtigkeit
- Diskretion und Höflichkeit
- Scham und Schuld
- Zufriedenheit und Glück

Tipp:

Bei diesem Essay zählen Inhalt, Form und Handschrift. Dabei werden ebenfalls Rechtschreibung, Zeichensetzung und Grammatik bewertet. Achte auf einen überzeugenden sprachlichen Ausdruck. Satzbau und Wortwahl sollten nicht zu simpel ausfallen.

Gruppensituationsverfahren (für Offiziersanwärter)

Mit dem Gruppensituationsverfahren (GSV) beginnt das „eigentliche“ Assessment Center. Dabei bist du mit zwei bis vier anderen Bewerbern zusammen in einem Raum. Eure Aufgabe besteht darin, zwei verschiedene „Planspiele“ zu absolvieren und einen Vortrag zu halten. Dabei werdet ihr von einer zwei- bis dreiköpfigen Prüfungskommission beobachtet. Dieselben Prüfer werden dir später beim Interview gegenübersitzen.

Die Prüfer achten auf ...

- deine Körper- und Sitzhaltung,
- deine Mimik,
- dein sprachliches Ausdrucksvermögen,
- dein Verhalten gegenüber deinen Konkurrenten,
- deinen Redeanteil,
- deinen Umgang mit Stress und
- dein kommunikatives Geschick.

Planspiel 1: Ein Problem lösen (Krisenbewältigung)
Beim ersten Planspiel ist das Ziel, eine Lösung für ein Problem zu finden. Einer der Prüfer liest dazu einen Text mit einer bestimmten Situation vor. Worum es dabei geht, ist egal. Diese Vorgabe ist austauschbar. Ein Beispiel zur Veranschaulichung: Ihr seid als Betreuer mit einer Gruppe von 20 Kindern im Alter von 9 bis 11 Jahren bei 30° Celsius mit dem Bus zum Wandern in die Berge gefahren. Dabei kam es zu einem Erdrutsch. Der Bus steckt fest. Die Kinder werden unruhig, einige weinen. Ein Junge hat Kopfschmerzen und klagt über Übelkeit.

Eure Möglichkeiten:

- Ihr habt drei Schaufeln dabei und könntet den Bus ausgraben. (Keine gute Idee, das dauert zu lange.)
- Es gibt einen zehn Kilometer langen Wanderweg zum nächsten Dorf. (Dort könnt ihr Hilfe holen. Allerdings seid ihr eine Weile unterwegs.)
- Außerdem gibt es einen zweiten, allerdings sehr gefährlichen Weg dorthin. Er ist nur zweieinhalb Kilometer lang. (Euer Leben solltet ihr nicht riskieren.)

Lösungsidee: Ihr seid eine Gruppe von vier bis fünf Personen: Zwei können den langen Weg ins Dorf nehmen, um dort Hilfe zu holen. Die anderen zwei bis drei Betreuer beaufsichtigen in der Zeit die Kinder. Du kannst passende Einzelheiten frei erfinden. Denn du darfst dir durchaus Einzelheiten ausdenken, solange sie realistisch sind: „Zum Glück haben wir genug Proviant und Spiele mitgenommen." Wichtig ist nur, dass sie realistisch sind.

Worauf die Prüfer achten:

- Umgang miteinander: Wie respektvoll ist der Umgangston?
- Wer ergreift als Erster das Wort?
- Zeigen deine Antworten Verantwortungsbewusstsein?
- Lässt du die Anderen ausreden?

Eine einvernehmliche Lösung müsst ihr für das gegebene Problem nicht unbedingt finden. Die Prüfer brechen das Planspiel nach zwölf Minuten ab. Achte darauf, dass deine Redeanteile groß genug sind.

Falle den anderen nicht ins Wort. Gehe sachlich auf vorgebrachte Argumente ein.

Planspiel 2: Sich bei einem Konflikt behaupten (Ressourcenknappheit)
Das zweite Planspiel stellt eine Konfliktsituation in den Mittelpunkt: Es gibt eine Ressource, die nicht für alle Teilnehmer der Gruppe ausreicht. Jeder Bewerber soll sie für sich beanspruchen.

Beispiele zur Veranschaulichung:

- Ihr habt vier Flugtickets für eine Reise nach London einschließlich Hotel und Konzertbesuch bei eurer Lieblingsband gebucht. Dann wird auf eurer Arbeit überraschend jemand krank. Eine Person muss zurückbleiben und den Kollegen vertreten.
- Ihr habt drei Tickets für einen Partyurlaub auf Mallorca gewonnen. Allerdings seid ihr vier Personen. Einer muss auf die Reise verzichten.
- Ihr habt fünf VIP-Eintrittskarten für ein Fußballspiel reserviert. Allerdings gab es einen Fehler und nur vier wurden gebucht. Eine Person kann nicht mitgehen.

Du solltest möglichst stichhaltige Argumente in sachlicher Form vorbringen und überzeugend darlegen, warum du keinesfalls verzichten willst. Kannst du dich behaupten? Hier steht dein Durchsetzungsvermögen auf dem Prüfstand. Nach einer gewissen Zeit kannst du einlenken: Wenn du eine Entschädigung einforderst, wird dir das positiv ausgelegt.

Lösungsidee: Du kannst in den beiden erstgenannten Fällen erklären, dass du gerade erst deinen Jahresurlaub genommen hattest. Deine Freunde haben schon lange keine Auszeit mehr gehabt. Darum gibst du dein Ticket gern her. Aber dafür möchtest du eine Entschädigung: Die drei müssen im Gegenzug bei deinem Umzug in zwei Wochen mit anfassen.

Planspiel 3: Ein Thema überzeugend präsentieren (Vortrag)

Das Vortragsthema wird dir per Losverfahren vorgegeben. Zur Vorbereitung bekommst du 25 Minuten Zeit. Deine Präsentation darf maximal zehn Minuten dauern. Es kommt nicht auf die Quantität und Länge an, sondern auf die Qualität deiner Präsentation. Fasse dich kurz. Bring präzise auf den Punkt, was du sagen willst. Erfolgreiche Bewerber bestätigen, dass ungefähr fünf Minuten von der Länge her ideal sind.

Beispielthemen zur Veranschaulichung:

- Studienabschlussfahrt (Teneriffa oder Paris?)
- Veranstaltung planen (Location finden)
- Kindertagesstätte sanieren (Probleme lösen)
- Wehrpflicht wieder einführen (Pro und Contra)

Geprüft wird hier, ob du in der Lage bist, dein Wissen zu strukturieren und klar auf den Punkt zu bringen. Sprichst du frei? Wirkt deine Körpersprache souverän? Als Führungskraft wirst du regelmäßig vor Menschen stehen, Ansprachen und Vorträge halten und sie anleiten. Kannst du dich überzeugend in Szene setzen? Die anderen Bewerber hören dir gemeinsam mit den Prüfern zu.

Tipps:

- Achte auf eine klare, deutliche Aussprache.
- Nimm, während du sprichst, Blickkontakt mit allen im Raum Anwesenden auf.
- Vertiefe dich nicht in deine Moderationskärtchen. Am besten ist es, wenn du ohne Notizen zurechtkommst. Verwende auch die Tafel hinter dir nicht. (Das bringt dir keine Pluspunkte.)
- Halte deinen Vortrag kurz: Besser, alles knackig auf den Punkt bringen, als die Zuhörer zu langweilen.

Interview

Das Vorstellungsgespräch konzentriert sich auf ...

- deinen Berufswunsch,

- deine Stärken und Schwächen,
- deine Allgemeinbildung,
- dein Wissen über die Bundeswehr,
- deine Einstellung zu Auslandseinsätzen,
- deine Einstellung zum Gebrauch von Schusswaffen.

3.5.5 Studieneignungsfeststellung und Einplanung / Studieneinplanung

Der Einplaner teilt dir dein Testergebnis mit. Gleich im Anschluss erfährst du, wie es für dich weitergeht.

- **Sofortzusage**: Du hast voll überzeugt und bekommst eine sichere Zusage für deinen gewünschten Studiengang und deine Wunschverwendung. Waren deine Testergebnisse nicht gut genug, landest du auf der Warteliste. Alternativ kann der Einplaner dir eine Sofortzusage in einem anderen Studiengang anbieten.
- **Warteliste**: Du bist als studierfähig eingestuft worden. Allerdings reichen die erreichten Ergebnisse nicht für eine sofortige Zusage. Je nachdem, welchen Platz du auf der Warteliste erreicht hast, ist eine Einstellung wahrscheinlich oder unwahrscheinlich.
- **Absage**: Deine Testergebnisse waren zu schlecht. Du bist als nicht studierfähig eingestuft.

Studiengespräch Sanitätsdienst (für Offiziersanwärter)

Als San-Bewerber musst du dich für ein Studiengespräch, in dem du deine Studieneignung unter Beweis stellst, anmelden. Bei dem Gespräch wird neben deiner Motivation („Warum willst du unbedingt Humanmedizin studieren?") deine Studieneignung geprüft. Dabei werden deine Vorkenntnisse in Biologie, Chemie und Physik unter die Lupe genommen. Beim biologischen Teil kannst du dir ein Thema aussuchen, zu dem du ein Kurzreferat halten willst. Nur Ökologie ist ausgeschlossen.

Mögliche Fragen zu deiner Motivation:

- „Warum wollen Sie unbedingt Arzt werden und nicht Rettungssanitäter, Apotheker oder Krankenpfleger?"
- „Haben Sie ein Praktikum im medizinischen Bereich absolviert?"
- „Falls Sie keine Studieneignung für Ihre Wunschverwendung erhalten, wie sieht Ihre Alternativplanung aus?"
- „Mit welchen aktuellen medizinischen Themen haben Sie sich in letzter Zeit beschäftigt?"

Wissensfragen (Biologie, Chemie):

- „Welche Schmerzmittel kennen Sie?"
- „Welche Eigenschaft hat Aspirin neben der Schmerzbekämpfung?"
- „Was ist der pH-Wert? Wovon hängt er ab?"
- „Was passiert bei einer Säure-Base-Reaktion?"
- „Was wissen Sie über Diabetes / Hepatitis / Tetanus?"
- „Erläutern Sie den Blutkreislauf / die Funktionsweise des Herzens / den Aufbau einer Nervenzelle!"

Tipp:

Wenn dich der Sanitätsdienst inklusive Humanmedizinstudium interessiert, musst du dich gegen viel Konkurrenz durchsetzen. Ein Praktikum im Krankenhaus, aber auch eine intensive Beschäftigung mit medizinischen Themen kann dich nach vorn bringen.

Studienberatung (für Offiziersanwärter)

Eine Studienberatung kommt auf dich zu, wenn dein Wunschstudium nicht zu deiner Leistung passt. Das ist beispielsweise der Fall, wenn du mit mittelmäßigen Ergebnissen in Physik und Mathematik einen technischen Studiengang anstrebst. Oder wenn du im Abitur in den Wirtschaftsfächern VWL und BRC eine unterdurchschnittliche Leistung gezeigt hast, aber ein BWL-Studium absolvieren möchtest.

Bei diesem Gespräch hast du die Chance, den Berater von deiner Eignung zu überzeugen. Achtung: Ein allgemeines Interesse an einem Fach zu bekunden, genügt nicht. Du brauchst Vorkenntnisse und konkrete Gründe, warum du dich auf ein bestimmtes Ziel konzentrierst. Willst du Nautik studieren? Dann solltest du wenigstens einen Bootsführerschein vorweisen können.

Ein weiteres Problem: Mit einem Fachabitur bleiben dir gewisse universitäre Studiengänge verschlossen. In dem Fall zeigt der Studienberater dir Alternativen auf.

Tipps:

- Reise rechtzeitig zum Bundeswehr-Test an. Das reduziert den Stress.
- Nimm nur an dem Test teil, wenn du gesund bist. Andernfalls bitte um einen neuen Termin zum Bundeswehr-Auswahlverfahren.
- Bereite dich auf die einzelnen Aufgaben des kompletten Tests intensiv vor. Die einzelnen Testbestandteile kannst du üben. Wir empfehlen dir zur Vorbereitung unser Buch „Einstellungstest Bundeswehr" (ISBN: 978-1983224355). Es enthält über 800 Aufgaben mit Lösungen.
- Nimm zu den Testverfahren für Feldwebel und Offiziere Snacks und Getränke mit.
- Denke daran, dass du ununterbrochen beobachtet werden kannst.
- Halte dich mit politischen Äußerungen zurück.
- Bewirb dich bei mehreren Behörden, zum Beispiel bei der Landespolizei und der Bundespolizei. Dadurch hast du einen Ausweg, falls du als nicht geeignet eingestuft wirst.

3.6 Die häufigsten Fragen im Vorstellungsgespräch

Vorweg: Fiese Fangfragen gibt es beim Einzelgespräch in der Bundeswehr nicht. Deine Antworten aus dem biografischen Fragebogen, dem Sanitätsfragebogen und dem Computertest fließen in das Gespräch mit ein. Die Prüfer wollen wissen, mit welcher Motivation du dich bewirbst. Bist du fit in Allgemeinbildung? Hast du dich intensiv mit der Offizierslaufbahn und deiner Wunschverwendung beschäftigt? Richte dich auf Detailfragen ein. Insgesamt solltest du in dem Gespräch zeigen, dass du die nötige Reife besitzt, um Unteroffizier oder Offizier zu werden.

3.6.1 Fragen nach Gründen für die Berufswahl

Diese Fragen sind Thema jedes Vorstellungsgesprächs: Warum willst du unbedingt zur Bundeswehr? Mach dir Gedanken zu deiner Wunschlaufbahn. Deine Entscheidung für eine bestimmte Richtung oder Laufbahn solltest du überzeugend darlegen können. Überlege, ob alternative Verwendungsmöglichkeiten bei der Bundeswehr für dich in Frage kommen.

Häufige Fragen

1. „Warum haben Sie sich für die Offizierslaufbahn Ihrer Wunschverwendung entschieden?“
2. „Wie ist es zu Ihrer Berufswahl gekommen?“
3. „Aus welchem Grund möchten Sie eine Ausbildung bei der Bundeswehr absolvieren?“
4. „Was unterscheidet einen Feldwebel vom Offizier?“
5. „Könnten Sie sich statt der Offizierslaufbahn auch vorstellen, die Laufbahn eines Feldwebels zu absolvieren?“

Gute Antworten

1. „Ich bin bereits ausgebildete Gesundheits- und Krankenpflegerin. Mein Wunsch ist, als Ärztin im Sanitätsdienst der Bundeswehr tätig zu sein. Ich würde gern für die Gesundheit der Truppe sorgen und bei humanitären Einsätzen im Ausland dabei sein.“
2. „Meine Stärken sind Verantwortungsbereitschaft und Organisationstalent. Darum möchte als Offizier Verantwortung

übernehmen. Durch diese Tätigkeit bei der Bundeswehr kann ich meinen Beitrag für Frieden und Sicherheit in Deutschland leisten."

3. „Ich möchte aus zwei Gründen eine Karriere bei den deutschen Streitkräften machen: Zum einen will ich Menschen helfen. Bei Einsätzen, gerade im Ausland, kann ich wirklich Einfluss nehmen. Zum anderen gefällt mir die kameradschaftliche Solidarität unter den Soldaten. Ich denke, dass das Miteinander weit über Teamarbeit hinausgeht."
4. „Beides sind Führungskräfte bei der Bundeswehr. Aber ein Offizier trägt mehr Verantwortung. Um diese Laufbahn einzuschlagen, braucht man Fachabitur oder Abitur. Für die Feldwebellaufbahn reicht die mittlere Reife. Ein Feldwebel ist mit der Truppe vor Ort. Er leitet Rekruten an und ist Ansprechpartner bei Problemen. Als Hauptfeldwebel kann er für 30 bis 50 Soldaten zuständig sein. Offiziere sind Organisatoren und Planer mit höheren Entscheidungsbefugnissen im Hintergrund. Sie haben weniger Kontakt zu den einzelnen Soldaten."
5. „Nein, ich möchte meinen Traum verwirklichen, Humanmedizin studieren und Sanitätsoffizier werden. Ich habe nach meinem Abitur bereits eine Ausbildung zur Gesundheits- und Krankenpflegerin erfolgreich abgeschlossen und ein paar Jahre in meinem Beruf gearbeitet. Ich weiß, dass ich viel mehr leisten kann."

Erklärung und Bewertung

Zu Antwort 1: Die Bewerberin besitzt eine abgeschlossene Berufsausbildung im medizinischen Bereich. Dadurch hat sie gute Karten. Die Stellen für San-Offiziersanwärter mit dem Studienwunsch Humanmedizin sind spärlich gesät. Sie wird sich gegen viel Konkurrenz durchsetzen müssen.

Zu Antwort 2: Prinzipiell eine gute Antwort, die allerdings zu weiteren Fragen auffordert: Wo zeigen sich Verantwortungsbereitschaft und Organisationstalent des Bewerbers? Falls du ebenfalls in diese Richtung argumentieren willst, solltest du im Idealfall bereits einen verantwortungsvollen Posten übernommen haben. Aussagen wie diese solltest du mit glaubhaften Beispielen untermauern.

Zu Antwort 3: Die Antwort ist geschickt, weil der Bewerber zwei zutreffende Dinge ins Feld führt. Eine mögliche Rückfrage dazu wäre, wie eine solche Hilfeleistung konkret aussehen könnte. Auch wie er zu der Gefahr von Auslandseinsätzen oder der langen Abwesenheit von zu Hause steht, wird die Prüfer interessieren.

Zu Antwort 4: Eine gute Antwort. Vor allem macht der Bewerber nicht die Fehler, die unterschiedliche Besoldung anzuführen oder eine der Laufbahnen abzuwerten. Es gibt genug Bewerber mit Abitur, die die Feldwebellaufbahn der Offizierslaufbahn vorziehen. Maßgeblich für die Entscheidung ist, wo man selbst am besten hinpasst.

Zu Antwort 5: Das klare „Nein“ dieses Bewerbers verrät seine Zielstrebigkeit. Er weiß genau, was er will. Reichen seine gezeigten Leistungen allerdings nicht für die Offizierslaufbahn aus, hat er sich womöglich eine Chance verbaut.

3.6.2 Fragen zur Auseinandersetzung mit dem Beruf

Diese Fragen gehen unter die Oberfläche. Um sie souverän beantworten zu können, musst du dich intensiv mit dem Soldatenberuf, den Vor- und Nachteilen beschäftigen. Warum willst du unbedingt über die Bundeswehr eine Ausbildung absolvieren oder studieren? Jeder weiß, dass Sicherheit und Besoldung eine große Rolle bei der

Entscheidung für die Bundeswehr als Arbeitgeber spielen. Dir sollten zusätzlich positive Aspekte einfallen wie die hohe Qualität von Ausbildung beziehungsweise Studium, die vielfältigen beruflichen Möglichkeiten oder der Dienst an der Gemeinschaft. Die Prüfer sehen es gern, wenn du deinen Wunschberuf als Berufung empfindest.

Häufige Fragen

1. „Wieso absolvieren Sie kein ziviles Studium?"
2. „Angenommen, Ihr Partner / Ihr bester Freund ist gegen Ihre Tätigkeit bei der Bundeswehr. Wie überzeugen Sie ihn davon, dass eine Karriere bei uns die richtige Entscheidung ist?"
3. „Was sind Ihrer Meinung nach die größten Vorteile des Soldatenberufs?"
4. „Welche Nachteile bringt der Soldatenberuf aus Ihrer Sicht mit sich?"

Gute Antworten

1. „Das ist mein ‚Plan B'. Sollte ich beim Einstellungsverfahren scheitern, würde ich ein ziviles Studium aufnehmen. Allerdings geht es mir nicht nur um das Studieren an sich. Mein Abiturdurchschnitt ist gut. Studieren könnte ich also jederzeit. Ich möchte aber der Gesellschaft etwas zurückgeben, nicht nur irgendeinen Job machen."
2. „Es ist schon lange mein Wunsch, zur Bundeswehr zu gehen. Ich denke, dass mein Partner oder mein bester Freund mich in meinen Zukunftsplänen unterstützen sollte. Für mich gehört das zu einer Beziehung dazu. Vermutlich steckt Angst um mein Leben dahinter. Aber ich werde sehr gut ausgebildet, um den Anforderungen des Berufes gewachsen zu sein."
3. „Vorteilhaft ist in meinen Augen das kameradschaftliche Umfeld. Außerdem wird man körperlich und geistig als Soldat wirklich gefordert. Man entwickelt sich ständig und kann zahlreiche Weiterbildungsmöglichkeiten in Anspruch nehmen. Die Karrierechancen sind für mich ein großer Reiz. Mir gefällt auch, dass es sich um einen sicheren Arbeitsplatz mit

hoher Vergütung handelt und dass ich mir um die Sozialversicherungen keine Sorgen machen muss.“

4. „Zu den Nachteilen zählt sicherlich, dass man sich über Jahre verpflichtet. Damit geht einher, dass man wenig Zeit zu Hause verbringen wird. Für Familie, Partnerschaft, Freunde und Hobbys bleibt da wenig Raum. Aber es kommt schließlich nicht auf die Quantität der zusammen verbrachten Zeit an, sondern auf die Qualität. Abgesehen davon: In anderen Jobs könnte es genauso aussehen. Im Krankenhaus ist Schichtdienst Alltag. Als Vertriebler ist man ständig vor Ort bei Kunden. Zwei Ingenieure, die ich kenne, verbringen beruflich bedingt einen Großteil ihrer Arbeitszeit im Ausland. Das ist eben so, wenn man einen anspruchsvollen Beruf ausübt. Ein echter Nachteil ist, dass die Auslandseinsätze gefährlich sein können. Das lässt sich nicht wegdiskutieren. Ein Risiko bedeutet das immer. Aber anders ist eine Hilfeleistung nicht möglich.“

Erklärung und Bewertung

Zu Antwort 1: Der gute Abiturdurchschnitt verdeutlicht, dass dieser Bewerber die Bundeswehr nicht für sein Wunschstudium braucht. Er muss den Dienst in Uniform also nicht als notwendiges Übel hinnehmen, sondern er hat sich bewusst dafür entschieden. Das bedeutet einen Vorteil bei der Argumentation.

Zu Antwort 2: Eventuell handelt es sich bei diesem Bewerber um einen Single. In der Theorie ist all das leicht gesagt. In der Praxis lässt sich der Dienst in Uniform oft nur schwer mit dem Privatleben vereinbaren. Der Partner muss sehr belastbar, tolerant und verständnisvoll sein. Die Kindererziehung und die Organisation des Alltags wird er weitgehend allein übernehmen müssen. Teilweise zerbrechen Partnerschaften und Ehen daran.

Zu Antwort 3: Dieser Bewerber führt erstmals die offensichtlichen Vorteile des Soldatenberufes mir auf. Dadurch, dass er genug andere Vorteile glaubwürdig vorbringt (Kameradschaft, Anforderungen, Aufstiegsmöglichkeiten, Weiterbildungsangebote), kein Problem.

Zu Antwort 4: Die Antwort dieses Bewerbers zeigt, dass er sich intensiv mit dem Soldatenberuf auseinandergesetzt hat. Er bringt überzeugende Beispiele und vertritt seinen Berufswunsch kompetent. Was noch Hier gilt genau wie bei Antwort 2: Für Singles ist es leichter, als Berufssoldat weniger Zeit jenseits der Arbeit zu haben. Ehen und Partnerschaften können daran zerbrechen.

3.6.3 Fragen zur interkulturellen Kompetenz des Bewerbers

Innerhalb des biografischen Fragebogens werden deine interkulturelle Erfahrung und Kompetenz angesprochen. Rechne damit, dass beides im Vorgespräch ebenfalls zur Sprache kommt.

Häufige Fragen

1. „Worin zeigt sich Ihre Offenheit für andere Kulturen?"
2. „Reisen Sie viel außerhalb Europas?"
3. „Empfinden Sie Gespräche mit Ausländern als Bereicherung?"

Gute Antworten

1. „Ich habe eine Europaschule besucht. Dort war der Umgang mit Menschen aller möglichen Nationalitäten ganz normal. Dementsprechend habe ich einen ziemlich großen internationalen Freundeskreis. Mein bester Freund ist Marokkaner. Ein Freund stammt aus Syrien, zwei andere sind aus der Türkei. Dadurch habe ich die unterschiedlichsten Speisen und Feste kennen gelernt. Außerdem habe ich mir ein bisschen Arabisch angeeignet."

2. „Nein, ich war bisher nur in Europa unterwegs. Aber die chinesische Kultur interessiert mich sehr. Ich wollte unbedingt chinesisch lernen und habe es mit einem Selbstlernkurs versucht. Mit Büchern und CDs habe ich allerdings kaum Fortschritte gemacht. Darum skype ich seit einem halben Jahr

jede Woche für fünf Stunden mit einer Chinesin. Sie bringt mir Chinesisch bei, ich unterrichte sie in Deutsch. Wir tauschen uns aber auch in Englisch aus."

3. „Auf jeden Fall. Das hilft mir, über den Tellerrand zu gucken. Es spielt eine Rolle, ob man zum Beispiel mit jemandem aus Syrien spricht, der auf der Flucht um sein Leben fürchten musste, oder mit einem Skandinavier. Mir zeigt der Kontakt mit Flüchtlingen, wie gut es uns hier in Deutschland geht. Beim Gespräch mit Schweden merke ich, dass es auch bei uns längst nicht perfekt ist. Der Horizont verbreitert sich, wenn man bereit ist, sich mit anderen Kulturen zu beschäftigen. Ich denke, man wird toleranter und aufgeschlossener."

Erklärung und Bewertung

Zu Antwort 1: Ideal wäre, wenn du bei dieser Frage von ausgedehnten Reisen nach Afrika und Asien berichten könntest. Falls du entsprechende Wurzeln in einem anderen Land hast, ist das ein Pluspunkt. Die meisten angehenden Soldaten verfügen vermutlich nicht über diese Erfahrungen. Dieser Bewerber argumentiert geschickt mit der Schule. Seine Arabischkenntnisse sind auf jeden Fall ein Vorteil. Heutzutage ist das Lernen mit unterschiedlichen Kulturen üblich, selbst wenn man keine Europaschule besucht hat. Dadurch bekommst du wertvolle Einblicke in andere Kulturen. Betrachte dein Lebensumfeld: Wo kommst du (noch) mit anderen Kulturen in Kontakt? Besuchst du interkulturelle Feste in deiner Heimatstadt? Vielleicht bist du in einem interkulturellen Verein tätig?

Zu Antwort 2: Wer frisch von der Schule kommt, hat wahrscheinlich weder Geld noch Zeit und Gelegenheit, ausgedehnte Reisen zu unternehmen. Dieser Bewerber lernt aus eigenem Antrieb eine Fremdsprache. Dadurch erweist er sich als aufgeschlossen für andere Kulturen.

Zu Antwort 3: Dieser Bewerber zeigt, dass ihm der Kontakt mit Angehörigen anderer Kulturen hilft, eine andere Perspektive einzunehmen. In der Bundeswehr ist Offenheit für unterschiedliche kulturelle Hintergründe und Religionen wichtig: Etliche Kameraden haben Migrationshintergrund:

- 26 % der einfachen Soldaten
- 14 % der Unteroffiziere
- 10 % der Leutnante bis Hauptmänner
- 7 % der Majore und höher gestellten Offiziere[3]

3.6.4 Fragen nach den Tätigkeiten von Feldwebeln / Offizieren deiner Wunschverwendung

Diese Sachfragen beziehen sich auf deine angestrebte Laufbahn und deine Wunschverwendung. Wenn du dich gut vorbereitest, sollten dir die Antworten darauf leichtfallen.

Häufige Fragen

1. „Welche Aufgaben hat ein Sanitätsoffizier im Inland und Ausland?“
2. „Was macht ein Fernmeldeoffizier der Marine?“
3. „Welche Aufgaben hat ein Feldwebel?“

Gute Antworten

1. „Ein Sanitätsoffizier dient im Sanitätswesen der Bundeswehr. In der Regel besitzt er eine Approbation als Arzt, Zahnarzt oder Tierarzt. Beim Fokus auf Humanmedizin und Zahnmedizin kümmern sich Sanitätsoffiziere im In- und Ausland um die Gesundheit der Soldaten. Sie dienen unter anderem in Bundeswehrkrankenhäusern und Fachsanitätszentren. Oder sie sind als Truppenarzt, Schiffsarzt oder Fliegerarzt direkt mit den Soldaten unterwegs.“

---

[3] Müller, M. (2016): www.berlinjournal.biz/bundeswehr-anteil-der-migranten/, abgerufen: 19.04.2018

2. „Ein Fernmeldeoffizier der Marine ist für die Kommunikation per Funk zuständig. Er sorgt für stabile Funkverbindungen bei nationalen und internationalen Übungen, Manövern oder Einsätzen und in Seenotfällen. Er kann später selbst Nachwuchskräfte ausbilden."
3. „Feldwebel nehmen Fach-, Führungs- und Ausbildungsaufgaben bei der Bundeswehr wahr. Ihre Einsatzbereiche richten sich nach ihrer Laufbahn. Im Truppendienst sind sie für die Ausbildung der Soldaten zuständig. Sie weisen sie in den Truppenalltag ein und führen durch Übungen und Einsätze."

Erklärung und Bewertung

Zu Antwort 1: Eine gute Antwort für jemanden, der Humanmedizin studieren und als Truppenarzt tätig werden möchte. Allerdings sind Sanitätsoffiziere nicht nur kurativ tätig. Sie sind ebenfalls in Instituten des Sanitätsdienstes und in der wehrmedizinischen Forschung und Analytik beschäftigt. Ihr Aufgabenfeld umfasst Untersuchungen zu Seuchen und spezifischen Krankheitsbildern in Einsatzländern der Bundeswehr, Auswirkungen von ABC-Waffen sowie Toxikologie.

Soldaten mit Zulassung als Apotheker (Militärapotheker) gelten ebenfalls als Sanitätsoffiziere. Sie kümmern sich in den Bundeswehrapotheken und Versorgungs- und Instandsetzungszentren um Sanitätsmaterial und sind Ansprechpartner für Fragen zum Thema Lebensmittelüberwachung und Hygiene.

Veterinäre kümmern sich um Tierhaltung und Tierzucht. Sie dienen beispielsweise in der Diensthundeklinik oder behandeln die Maultiere und Pferde im Tragtierzentrum.

Zu Antwort 2: Ein Fernmeldeoffizier übernimmt im Wesentlichen technische und taktische Aufgaben. Er wird in elektronischer Kampfführung ausgebildet. Gleichzeitig muss er mit den (internationalen) Gesetzen, Richtlinien, Verfahren und Bestimmungen vertraut sein und sich mit Krypto-Systemen (Verschlüsselungen) auskennen.

Zu Antwort 3: Weitere Aufgabenfelder von Feldwebeln (nach Laufbahn):

- Allgemeiner Fachdienst: Informationstechnik, Instandsetzung von technischen Geräten, Personalwesen
- Geoinformationsdienst: Geodatengewinnung, Wetterbeobachtung auf Flugplätzen der Bundeswehr
- Militärmusikdienst: Orchestermusiker in den Korps von Heer, Luftwaffe, Marine und Streitkräftebasis
- Sanitätsdienst: Bundeswehrkrankenhäuser, Sanitätsausbildungszentren

3.6.5 Fragen zum Waffengebrauch

Häufige Fragen

1. „Sie wollen Sanitätsoffizier werden. Wie stehen Sie zum Schusswaffengebrauch?“
2. „Können Sie sich vorstellen, auf einen Menschen zu schießen? Was ist, wenn ein Kind mit Maschinengewehr auf Ihre Truppe feuert?“
3. „Wen würden Sie bei einem Notfall zuerst retten, einen deutschen Soldaten, einen amerikanischen Soldaten oder eine schwangere Zivilistin?“

Gute Antworten

1. „Ich denke, dass Waffentraining und Schießübungen wichtig sind. Man weiß nie, ob nicht auch Sanitätsoffiziere im Notfall zur Waffe greifen müssen. Mir gefällt der Gedanke nicht, auf

Menschen schießen zu müssen. Schließlich will ich Ärztin werden, um humanitäre Hilfe zu leisten. Ich will retten, nicht töten. Trotzdem bin ich nach meiner Wunschausbildung in erster Linie Soldat. Wenn mein Leben in Gefahr ist oder das Leben meiner Truppe davon abhängt, muss ich eine Möglichkeit zur Verteidigung haben."

2. „Mir ist bewusst, dass ich als Soldat in diese Situation kommen kann. Meine Aufgabe ist es, Deutschland und meine Kameraden zu schützen. Wenn auf uns geschossen wird, ist in dem Moment egal, dass der Schütze ein Kind ist. Ich würde schießen, um meine Kameraden zu schützen."
3. „Ich würde den deutschen Soldaten zuerst retten. Mein Kamerad kann mir dann dabei helfen, den Amerikaner und die Frau aus der Gefahrenzone zu holen."

Erklärung und Bewertung

Zu Antwort 1: Die Bewerberin macht es sich mit der Antwort nicht leicht. Man merkt, dass sie sich mit der Thematik intensiv auseinandergesetzt hat. Ihr ist bewusst, dass sie zugleich Ärztin und Soldatin ist.

Zu Antwort 2: Eine kurze und präzise Antwort. Der Bewerber zeigt, dass er sich als Soldat identifiziert. Er hat den Slogan der Bundeswehr, „Wir.Dienen. Deutschland" verinnerlicht. Dir sollte bewusst sein, dass du bei Auslandseinsätzen in erster Linie immer Soldat bist. Es gibt rund 1.500 muslimische Soldaten in der Bundeswehr. Bewerber muslimischen Glaubens können mit der Frage konfrontiert werden, ob sie als deutscher Soldat bei einem Einsatz bereit wären, auf Muslime zu schießen.[4]

Zu Antwort 3: Dieser Bewerber weiß, dass seine Loyalität seinem Kameraden gilt. Er argumentiert praktisch: Der

[4] Hempelmann, U. (2008): de.qantara.de/inhalt/interkulturelle-kompetenz-bei-der-bundeswehr-der-richtige-umgang, abgerufen: 03.05.2018

deutsche Soldat kann helfen, die beiden anderen Personen zu retten.

3.6.6 Fragen zur Informationsbeschaffung

Als Soldat solltest du dich politisch auf dem Laufenden halten. Zur Vorbereitung auf das Einstellungsverfahren ist das unbedingt zu empfehlen. Du solltest wissen, was aktuell in Deutschland und auf der Welt vor sich geht.

Häufige Fragen

1. „Wie halten Sie sich über die aktuelle politische Situation auf dem Laufenden?“
2. „Was haben Sie zuletzt gelesen?“
3. „Welches Buch lesen Sie gerade?“

Gute Antworten

1. „Ich gucke jeden Abend die Tagesschau. Außerdem lese ich ab und zu das Magazin ‚Der Spiegel‘ und halte mich über Apps auf dem Laufenden.“
2. „Für die Fahrt zum Karrierecenter habe ich mir verschiedene Zeitungen gekauft. ‚Die Welt‘, den ‚Focus‘ und ‚Die Zeit‘. Die habe ich unterwegs gelesen.“
3. „‘Fit ohne Geräte‘ von Mark Lauren. Es geht in dem Buch darum, wie man seine Fitness mit dem eigenen Körpergewicht steigert. Mich hat der Titel interessiert, weil der Autor Elitesoldaten ausbildet.“

Erklärung und Bewertung

Zu Antwort 1: Die „Tagesschau“ ist eine seriöse Informationsquelle. Gleiches gilt für den „Spiegel“. Zeitungsapps sind eine gute Ergänzung. Vermutlich wird nachgefragt, um welche es sich genau handelt. Auch nach bestimmten Artikeln oder dem letzten Leitthema aus dem „Spiegel“ könnte gefragt werden.

Zu Antwort 2: Dieser Bewerber beantwortet die Frage sehr geschickt. Selbst wenn er normalerweise keine Bücher oder Zeitungen liest, hat er sich damit hervorragend gerettet. Auch er nennt respektable Quellen. Hier gilt genau wie bei Antwort 1: Möglicherweise fragt der Prüfer nach Einzelheiten.

Zu Antwort 3: Eine nachvollziehbare Antwort. Fitness und Gesundheit ist für Soldaten wichtig. Ob das als „Lesen" gilt – es handelt sich um ein Buch mit Fotos und Übungsanweisungen – wird ein Stück weit vom Prüfer abhängen. Bereite dich am besten auf die Frage vor und beschäftige dich mit ein oder zwei Büchern, die dich aufrichtig interessieren. Dir fehlt Inspiration? Schau dir die aktuelle Bestsellerliste im Sachbuchbereich an. Alternativ kannst du auch unumwunden zugeben, dass du Bewerbungsratgeber gelesen hast, um dich bestmöglich auf diesen wichtigen Termin vorzubereiten.

3.6.7 Fragen zur Allgemeinbildung

Häufige Fragen

1. „Wie heißt der amtierende Verteidigungsminister?"
2. „Was ist die NATO?"
3. „Wann wurde die Bundeswehr gegründet?"
4. „Was sind die Ursachen des Afghanistankrieges?"
5. „Wo ist die Bundeswehr im Ausland aktuell eingesetzt?"

Gute Antworten

1. „Seit 2013 ist Ursula von der Leyen von der CDU Verteidigungsministerin in Deutschland."
2. „Die Buchstaben NATO stehen für North Atlantic Treaty Organization. Im Deutschen wird die NATO auch ‚Nordatlantikpakt' genannt. Gegründet wurde sie 1949 als westliches Verteidigungsbündnis. Deutschland ist 1955 beigetreten. Die politische Führung der NATO befindet sich in Brüssel. NATO-Generalsekretär ist seit 2014 der Norweger Jens Stoltenberg."

3. „Die Bundeswehr wurde am 12.11.1955 gegründet, ungefähr zehn Jahre nach Ende des Zweiten Weltkriegs. Ihre offiziellen Namen erhielten die Streitkräfte im April 1956. Die Bezeichnung ‚Bundeswehr' ist an die ‚Reichswehr' der Weimarer Republik angelehnt."
4. „Der Afghanistan-Krieg begann 2001, gleich nach den Terroranschlägen des 11. September in den USA. Dabei starben 3.000 Menschen. Die islamistische Taliban-Regierung Afghanistans hat die Terrorgruppe al-Quaida, die für die Anschläge verantwortlich war, unterstützt."
5. „Zurzeit (Mai 2018) sind über 4.000 Soldaten im Auslandseinsatz. Das größte Einsatzgebiet ist Afghanistan. Weitere Länder sind Kosovo, Syrien, Südsudan und der Libanon."

3.6.8 Fragen zum Soldaten-Alltag und Nachteilen des Berufs

Häufige Fragen

1. „Sind Sie bereit, über Monate von Ihrer Familie getrennt zu sein?"
2. „Wie gehen Sie mit den Risiken des Berufes um?"
3. „Wie reagieren Sie, wenn es Ihren Eltern gesundheitlich schlecht geht, während Sie im Auslandseinsatz sind?"
4. „Stellen Sie sich vor, Sie sind Feldwebel. Wie gehen Sie vor, wenn ein Soldat während einer Übung Ihren Befehl nicht befolgt?"
5. „Können Sie sich als Frau in dieser Männerdomäne behaupten?"

Gute Antworten

1. „Das habe ich mit meinen Eltern besprochen. Ich denke, dass ich vermutlich in der ersten Zeit unter Heimweh leide. Aber das wird sich vermutlich legen, weil ich mit Kameraden zusammen bin und wichtige Arbeit leiste.
2. „Als Soldat bin ich Teil der Armee. Mir ist bewusst, dass gerade bei Auslandseinsätzen immer etwas passieren kann. Das macht mir schon Angst. Andererseits sind immer Kameraden dabei, auf die man sich verlassen kann. Einige gesundheitliche Risiken kann man zumindest etwas verringern. Die

Einsätze finden oft in Ländern mit extremen Temperaturen statt. In der Zeitung habe ich öfter von Soldaten gelesen, die schon in Deutschland bei anstrengenden Ausbildungen kollabiert sind. Das ist in Ländern wie Afghanistan eine noch viel größere Gefahr. Darum tue ich alles, um fit und gesund zu bleiben. Ich denke, das hilft, um der körperlichen Belastung standzuhalten. Gegen viele Krankheiten kann man sich zum Glück impfen lassen. Ich denke zum Beispiel an Hepatitis A und B, FSME, Gelbfieber und Typhus. Ich habe aber auch gelesen, dass die Uniformen viel Schutz bieten, zum Beispiel auch eine Imprägnierung gegen Insekten. Das alles zusammen erhöht die Sicherheit um einiges."

3. „Das wäre sehr schwer für mich. Zum Glück habe ich einen Bruder, der sich vor Ort um meine Eltern kümmern kann. Ich hoffe, dass er mich zumindest auf dem Laufenden hält. Viel tun kann ich aus der Ferne nicht. Mein Job geht dann vor. Wenn die Situation sehr ernst ist, würde ich versuchen, bei der nächstmöglichen Gelegenheit nach Deutschland zurückzukehren."
4. „Ich würde ihm um ein Gespräch bitten. Es muss einen Grund für sein Verhalten geben. Vielleicht können wir die Situation besprechen und klären. Außerdem würde ich ihm klarmachen, dass er im Ernstfall auf meine Anordnung hören muss, weil sein Leben davon abhängen könnte."
5. „Darin sehe ich kein Problem. Ich bin körperlich fit und denke, dass ich die körperlichen Herausforderungen meistern werde. Frauen haben genetisch bedingt zwar einen geringeren Muskelanteil als Männer, aber ich trainiere viel und hart. Darum bin ich zuversichtlich, dass ich mithalten kann. Abgesehen davon bin ich selbstbewusst und kann mich durchsetzen. Dass meine Kameraden mehrheitlich Männer sein werden, ist mir klar."

Erklärung und Bewertung

Zu Antwort 1: Der Bewerber klingt noch sehr jung. Er hat sich mit dem Gedanken der Abnabelung von Zuhause beschäftigt. Ob ihm die Trennung von seinen Eltern am

Ende leicht oder doch sehr schwerfallen wird, muss sich zeigen. Noch klingt es sehr theoretisch. Positiv ist, dass er das Thema bereits mit seinen Eltern durchgesprochen hat.

Zu Antwort 2: Dieser Kandidat hat offenbar viel gelesen und sich gut informiert. Er wägt Risiken ab und er realisiert, dass die körperlichen Anforderungen hoch sind. Dabei denkt er an unterschiedliche Faktoren: feindliche Handlungen, wetterbedingte Belastungen und Krankheiten. Was fehlt, ist die psychische Belastung.

Zu Antwort 3: Auf Familienmitglieder vertrauen zu können, entlastet in Fällen wie diesen. Es ist wichtig, ein stabiles soziales Netz zu haben.

Zu Antwort 4: Diese Antwort verrät Führungsfähigkeiten. Der Bewerber würde zunächst versuchen, den Grund für das Verhalten seines Kameraden herauszufinden. Außerdem erinnert er ihn an seine Pflicht als Soldat. Die Antwort zeigt Führungsqualitäten.

Zu Antwort 5: Für Frauen ist der Dienst bei der Bundeswehr eine besondere Herausforderung: Die Bundeswehr selbst bemüht sich verstärkt um Frauen. Allerdings haben Soldatinnen bei ihren männlichen Kollegen oft einen schweren Stand. Die Männer haben das Gefühl, dass Frauen bevorzugt werden. Sie empfinden ihre weiblichen Kameraden als Konkurrenz.[5] Seit 2017 gibt es eine Ansprechstelle für Diskriminierung und Gewalt in der Bundeswehr.

---

[5] Fietz, M. (2014): www.focus.de/politik/deutschland/gleichstellung-in-der-bundeswehr-soldaten-betrachten-frauen-zunehmend-als-konkurrenz_id_3776036.html, abgerufen: 29.05.2018

Diskriminierung ist eine Ungleichbehandlung wegen persönlicher Merkmale wie Alter, Geschlecht, sexuelle Identität, Behinderung, Religion, ethnischer Herkunft oder Weltanschauung.

Die Ansprechstelle für Diskriminierung ist folgendermaßen erreichbar:

- telefonisch unter 0228-12-13083 oder -13371
- im Telefonnetz der Bundeswehr unter 90-3400-13083 oder -13371
- per E-Mail unter: BMVgPChgVIDiskriminierung@bmvg.bund.de

Quelle: www.bmvg.de

3.7 Interview mit Kim

Auszubildende bei der Bundeswehr

MH: Wieso bist du zur Bundeswehr gegangen?

Ich hatte mich für die Mannschaftslaufbahn entschieden, weil ich dort die Chance hatte, als Freiwilliger Wehrdienstleistender (FWDL) einen ersten Einblick zu erhalten, ohne mich schon gleich als Soldat auf Zeit (SaZ) verpflichten zu müssen.

Die Punkte bei mir waren außerdem, dass ich nach dem Abi noch keine Ahnung hatte, wo mein Weg hingehen soll. Ich hatte vorerst noch das Ziel, für ein Jahr Neuseeland zu bereisen. Um mir das zu ermöglichen, passte die Bundeswehr gut in meine Planung rein. Ich wollte das verdiente Geld für das Auslandsjahr nehmen. Dann habe ich von sieben auf zwölf Monate verlängert und bin schlussendlich bei der Bundeswehr hängen geblieben. Jetzt bin ich Zivilangestellte und mache meine Ausbildung als zahnmedizinische Fachangestellte.

Man kann die Bundeswehr gut als Findungsphase nutzen, um eventuell zu schauen, ob man sich die Bundeswehr als Arbeitgeber vorstellen kann. Zudem hat man in dieser Zeit die Gelegenheit, sich selbst kennen zu lernen, beispielsweise, wenn man die Grundausbildung macht. Das bedeutet drei Monate mit wenig Privatsphäre. Es sind dauernd Kameraden um dich herum, zu Truppenübungsplätzen und so weiter.

MH: Wie schwer fiel dir die Eingewöhnung?

Also die ersten zwei Wochen durften wir am Wochenende nicht nach Hause. Das war schon sehr schwer. Ich habe jeden Tag mit meiner Familie telefoniert. Nachdem ich dann das erste Wochenende endlich wieder zuhause gewesen war, wurde es einfacher, mit der ganzen Umstellung fertig zu werden.

Den ersten, vielleicht sogar den zweiten Monat habe ich auch noch sehr der Schule hinterhergetrauert. In den zwölf Jahren auf dem Gymnasium sind die Lehrer sehr freundlich mit einem umgegangen. Bei der Bundeswehr herrscht schon ein ganz anderer Ton. Generell musste ich mich an die psychische und physische Belastung gewöhnen.

Meine Privatsphäre hatte ich, wenn ich draußen telefoniert habe, und beim Duschen. Ansonsten waren immer alle um mich herum. Es ging. Aber als ich am Wochenende zuhause war, habe ich in meinem Zimmer die Tür hinter mir zugemacht und drei Kreuze an die Wand gemalt.

MH: Man muss dafür vermutlich wirklich sehr teamorientiert sein.

Ja, das Team beziehungsweise die Gruppe spielt eine große Rolle. Man muss natürlich auch die unterschiedlichen Charaktere, die dort aufeinandertreffen, akzeptieren und das Beste daraus machen, um mit ihnen klar zu kommen. Eine Karnevalsveranstaltung ist das definitiv nicht, denn es geht mitunter um Leben um Tod.

Wenn man sich dazu entscheidet, den Beruf als Soldat anzustreben, egal, in welcher Laufbahn, ist man in erster Linie Soldat und hat die Aufgabe, das Land zu beschützen und in Auslandseinsätze zu gehen, wenn man dazu aufgerufen wird. Die enorme Belastung tagtäglich mit den Kameraden zusammen zu sein (Lehrgänge, Truppenübungsplätze, Einsätze) und nicht die Möglichkeit zu haben, sich mental zurückzuziehen zu können, ist der eine Aspekt. Denn meist wartet zu Hause ja auch noch die Familie auf den Soldaten, die auch Raum einnimmt. Darum bleibt kaum noch Zeit für einen selbst.

MH: Wie verlief der Bewerbungsprozess bei dir?

Ich war in Bad Lauterberg beim Karriereberater zum Vorgespräch. Beim zweiten Gespräch hat er mich über die unterschiedlichen Verwendungsmöglichkeiten aufgeklärt plus die Bewerbungsunterlagen mitgegeben. Die habe ich ihm ein paar Tage später ausgefüllt wiedergebracht. Anschließend wurde ich nach Hannover zum Einstellungstest eingeladen. Erstens stand ein CAT (Computertest) an, zweitens ein Gesundheitscheck, drittens ein psychologisches Gutachten. Der vierte Schritt war die Einplanung, wo ich die Grundausbildung absolviere und wo meine Stammeinheit ist. Ein Vorstellungsgespräch im eigentlichen Sinn gab es nicht. Diese vier Punkte machen den Bewerbungsprozess aus. Wenn man in einem Punkt nicht besteht, kann man nach Hause fahren.

MH: Wie verlief das psychologische Gutachten?

Die Psychologin hat mich ein paar Sachen zur Bundeswehr gefragt. Sie wollte zum Beispiel wissen, was die NATO ist. Eine andere Frage war: „Was sind die Blauhelmsoldaten?“ Man sollte sich also vor dem Einstellungstest über Politik, besonders über das neueste Geschehen bei der Bundeswehr informieren. Außerdem muss man mit der Frage rechnen, ob man einen Menschen töten könnte. Man ist in erster Linie Soldat, und das sollte man nicht vergessen. Als Soldat hat man die Aufgabe, Deutschland zu schützen und zu verteidigen. Hinter der Entscheidung, einem Menschen das Leben zu nehmen, steht viel mehr, als man im ersten Moment denken könnte. Es geht nicht nur um die persönliche Sichtweise. Wenn man zur Bundeswehr gehen möchte, sollte man diese Frage für sich beantworten können und prüfen, ob man sich wirklich als Soldat identifizieren kann. Natürlich werden nicht alle Soldaten letztendlich in den Einsatz gehen. Aber im Ernstfall wird jeder gebraucht. Dann war noch ein wichtiger Punkt, wie ich als Frau in einer Männerdomäne zurechtkommen würde.

MH: Wie war das für dich?

Damit habe ich kein Problem gehabt. Ich habe nach einigen Monaten immer mehr Kameraden kennen gelernt, mit denen ich auch mal was zusammen unternommen habe. Natürlich kam der eine oder andere Spruch. Aber es kommt auf einen selbst an, ob man darauf eingeht oder den Sprücheklopfern ein paar Takte erzählt. Ich hatte auch einen Kameraden, der meinte, ich könnte die Ausbildung nicht schaffen. Daraufhin habe ich ihn zur Seite genommen und ihn darauf hingewiesen, dass er solche Kommentare bitte sein lassen soll. Schließlich sind wir Kameraden, die sich gegenseitig unterstützen sollten, statt gegeneinander zu arbeiten. Am Ende muss man situationsabhängig entscheiden, ob man auf alle Kommentare und Blicke der Männer eingehen möchte oder ob man manche einfach ignoriert.

MH: Was gefällt dir an der Bundeswehr als Arbeitgeber?

Dass die Bundeswehr Struktur und Sicherheit bietet und geregelte Arbeitszeiten. Außerdem gefällt mir die kameradschaftliche Verbundenheit. Ich erhalte zurzeit eine sehr gute Ausbildung, darf an Fortbildungsmaßnahmen oder an Auslandspraktika teilnehmen. Die Bundeswehr bietet viel an. Darum ist sie in meinen Augen ein guter Arbeitgeber.

MH: Inwiefern unterscheidet sich deine Ausbildung als zahnmedizinische Fachanstellte bei der Bundeswehr von einer Ausbildung in einer zivilen Praxis?

Daran ist nichts anders, außer dass man kaum alte Leute als Patienten hat und keine Kinder. Es kommen nur Soldaten im Alter von 18 bis 55 Jahren. Überwiegend sind sie Mitte 20 bis Anfang 30. Zu meiner Ausbildung gehört aber noch ein sechsmonatiges Praktikum in einer zivilen Zahnarztpraxis.

MH: Merkst du die kameradschaftliche Verbundenheit auch jetzt?

Eigentlich eher weniger, habe jetzt auch eine eigene Wohnung und bin nicht mehr die ganze Woche in der Kaserne. Die meisten Soldaten fahren am Wochenende auch nach Hause und haben in der Woche nicht immer die Zeit, dass man dann noch was starten könnte. Insofern hat sich das momentan ein wenig aufgelöst, obwohl ich von Januar bis März noch oft nach Dienst in der Kaserne war, da ich da noch einen guten Kameraden kennen gelernt hatte, wir zusammen mit anderen schwimmen gefahren sind und danach zusammen gekocht hatten, nur leider hatte der jetzt sein Dienstzeitende.

MH: Wie sehen deine Zukunftspläne aus?

Ich könnte es mir durchaus nach meiner Ausbildung vorstellen, die Offizierslaufbahn einzuschlagen, weil ich mich nach wie vor mit der Bundeswehr identifizieren kann. Außerdem bietet die Bundeswehr eine große Bandbreite an Studiengängen. Dafür müsste ich mich nach der Ausbildung nochmal bewerben. Aber das Verfahren für Offiziere dauert länger: zwei Tage insgesamt mit anderen Tests, Gruppenarbeit, Einzelarbeit, und es findet in Köln statt.

3.8 Anhang

3.8.1 Bundeswehr-Grundwissen (kompakt)

Die deutschen Streitkräfte einschließlich ihrer zivilen Verwaltung werden als Bundeswehr bezeichnet. Aktuell gibt es 179.496 aktive Soldaten (31. März 2018) in Deutschland. Das Hoheitszeichen der Bundeswehr ist ein schwarzes Kreuz mit weißer Umrandung. In Friedenszeiten unterstehen die Streitkräfte dem Verteidigungsminister, im Kriegsfall dem Bundeskanzler. Die Bundeswehr ist eine Parlamentsarmee. Das heißt: Soll ein bewaffneter Einsatz im Ausland stattfinden, muss dafür die Zustimmung des Parlaments eingeholt werden.

Entstehung und Geschichte der Bundeswehr
Gegründet wurde die Bundeswehr am 12.11.1955, zum 200. Geburtstag von Gerhard Johann David von Scharnhorst. Der preußische Militärreformer wandelte das Söldnerheer zu einem Volksheer um. Dadurch gelang den Deutschen die Befreiung von der französischen Besetzung unter Napoleon. Soldaten verstehen sich als „Staatsbürger in Uniform“: als Soldaten, Bürger und freie Menschen. Dieses Leitbild der inneren Führung der Bundeswehr ist seit der Gründung der Bundeswehr gültig.

Der erste Auslandseinsatz der Bundeswehr fand 1960 statt: Die Streitkräfte leisteten Katastrophenhilfe nach einem verheerenden Erdbeben in Agadir (Marokko). Unter anderem halfen deutsche Soldaten bei der Evakuierung, versorgten Verwundete und bereiteten Trinkwasser für die Überlebenden auf. Dieser Einsatz hat das internationale Ansehen der Streitkräfte stark verbessert.

Wehrpflicht – die gesetzliche Pflicht männlicher deutscher Staatsbürger zur Leistung von Wehrdienst in der Bundeswehr – bestand zwischen 1956 und 2011. Seitdem ist die Bundeswehr eine Freiwilligenarmee.

Aufbau der Bundeswehr
Die Bundeswehr ist militärisch in drei Teilstreitkräfte und drei Organisationsbereiche untergliedert:

- Teilstreitkräfte: Heer, Luftwaffe und Marine

- Organisationsbereiche: Cyber- und Informationsraum (CIR), Sanitätsdienst (San) und Streitkräftebasis (SKB)

Im zivilen Bereich gibt es ebenfalls drei Organisationsbereiche:

- Infrastruktur, Umweltschutz und Dienstleistungen (IUD),
- Ausrüstung, Informationstechnik und Nutzung (AIN) und
- Personal

Aufgaben der Bundeswehr

Laut Art. 87a Abs. 1 Satz 1 GG soll der Bund Streitkräfte zur Verteidigung aufstellen. Im sogenannten Weißbuch des Bundesministeriums der Verteidigung sind die Aufgaben der Bundeswehr erfasst. Sie passen sich an die geopolitische Sicherheitslage an. Dazu zählen unter anderem:

- Landesverteidigung als Bündnisverteidigung im Rahmen der NATO
- internationale Konfliktverhütung und Krisenbewältigung (einschließlich Kampf gegen den internationalen Terrorismus)
- Beteiligung an militärischen Aufgaben im Rahmen der gemeinsamen Sicherheits- und Verteidigungspolitik der EU
- Heimatschutz (Verteidigungsaufgaben, Amtshilfe in Fällen von Naturkatastrophen und schweren Unglücksfällen, zum Schutz kritischer Infrastruktur, bei innerem Notstand)
- Rettung, Evakuierung und Geiselbefreiung im Ausland
- Partnerschaft und Kooperation als Teil einer multinationalen Integration und globalen Sicherheitszusammenarbeit im Verständnis moderner Verteidigungsdiplomatie
- humanitäre Hilfe im Ausland

Gehalt Bundeswehr

Das Grundgehalt richtet sich nach dem Dienstgrad. Es wird in verschiedenen Stufen ausgezahlt, wobei Kriterien wie das Dienstalter und Erfahrungsstufen eine Rolle spielen. Kompaniefeldwebel, Flugzeugführer oder Kampfschwimmer erhalten Zulagen.

Die Tabelle auf der folgenden Webseite gibt dir einen Einblick in die Besoldung: www.bundeswehr.de/portal/a/bwde/start/streitkraefte/soldaten/besoldung_versorgung/besoldungstabelle/

Etymologie (Wortherkunft) von „Soldat“
Das Wort „Soldat“ ist abgeleitet von Sold und Besoldung. (Das Wort „Söldner“ hat zwar dieselbe etymologische Herkunft. Allerdings gehören Söldner nicht zu regulären Armeen.)

Blauhelme
Die Friedenstruppen der Vereinten Nationen werden wegen ihrer blauen Helme umgangssprachlich „Blauhelme“ genannt. Sie werden von Mitgliedsländern der Vereinten Nationen (UN) zur Friedenssicherung und Friedenserhaltung entsendet. Seit 1948 sind Blauhelme im Einsatz. 1988 wurden ihnen für ihre Arbeit der Friedensnobelpreis verliehen.

Frauen in der Bundeswehr
Bis 2001 durften Frauen bei der Bundeswehr nur im Musik- oder Sanitätsdienst tätig sein. Seitdem stehen ihnen sämtliche Laufbahnen offen. Heute beträgt der Frauenanteil in der Bundeswehr rund 12 %. Soldatinnen haben bei der Bundeswehr die gleichen Rechte und Pflichten wie männliche Soldaten. Es gibt keine Unterschiede bei der Ausbildung, Verwendung, Förderung, Beförderung und Besoldung. Die Bundeswehr strebt einen Frauenanteil von 50 % im Sanitätsdienst an und von 15 % in den allgemeinen Laufbahnen.

3.8.2 Quellenverzeichnis

Bonk, Ralf (2017): Grundgehälter von Soldaten und Beamten: www.bundeswehr.de/portal/a/bwde/start/streitkraefte/soldaten/besoldung_versorgung/besoldungstabelle/, abgerufen: 14.05.2018

Bundeswehr allgemein: www.bundeswehr.de, abgerufen: 01.05.2018

Bundeswehr-Einstellungstest bestehen: bundeswehreinstellungstest-karriere.de, abgerufen: 14.05.2018

Bundeswehr-Einstellungstest online üben: bundeswehr-einstellungstest.de, abgerufen: 14.05.2018

Bundeswehr-Karriere: www.bundeswehrkarriere.de/, abgerufen: 01.05.2018

Fietz, M. (2014): Gleichstellung in der Bundeswehr. Soldaten sehen Frauen zunehmend als Konkurrenz: www.focus.de/politik/deutschland/gleichstellung-in-der-bundeswehr-soldaten-betrachten-frauen-zunehmend-als-konkurrenz_id_3776036.html, abgerufen: 29.05.2018

Hempelmann, U. (2008): Interkulturelle Kompetenz bei der Bundeswehr. Der richtige Umgang: de.qantara.de/inhalt/interkulturelle-kompetenz-bei-der-bundeswehr-der-richtige-umgang, abgerufen: 03.05.2018

Müller, M. (2016): Bundeswehr will Anteil der Migranten erhöhen: www.berlinjournal.biz/bundeswehr-anteil-der-migranten/, abgerufen: 19.04.2018

Redaktion der Bundeswehr (2018): Ansprechstelle für Diskriminierung: Für ein besseres Miteinander: www.bmvg.de/de/aktuelles/ansprechstelle-fuer-diskriminierung--fuer-ein-besseres-miteinander-21746, abgerufen: 11.05.2018

4 Bewerbung beim Zoll

Die Inhalte dieses Kapitels basieren unter anderem auf Informationen von der Website www.zoll.de. Weitere benutzte Quellen sind im Quellenverzeichnis im Anhang nachzulesen.

Zusätzlich wurden zahlreiche eigene Interviews mit Bewerbern aus verschiedenen Bundesländern geführt, die bereitwillig Auskunft über ihre Erfahrungen gegeben haben. Ihnen sind zahlreiche Anregungen in diesem Buch zu verdanken. (Herzlichen Dank an dieser Stelle für eure Unterstützung!).

Zwei ausgewählte Interviews mit Bewerbern findest du zur Veranschaulichung in Kapitel 4.5.

4.1 Ausbildungsmöglichkeiten beim Zoll

Als Zollbeamter brauchst du Teamfähigkeit, Durchsetzungsvermögen, Zielstrebigkeit, Flexibilität und vor allem physische und psychische Belastbarkeit. Deine Einsatzgebiete werden das Hauptzollamt, der Flughafen, die Autobahn oder Baustellen sein.

Die Bundeszollverwaltung bietet Ausbildungsmöglichkeiten für den mittleren und den gehobenen Dienst. Bewerbungen für den Direkteinstieg in den höheren Dienst sind ebenfalls möglich. Chancen hast du vor allem mit einem abgeschlossenen Studium (Master oder Diplom) in Wirtschaftswissenschaften oder als Jurist mit zweitem Staatsexamen.

Zahlen, Daten, Fakten

- 2017 hat der Zoll 1.400 Auszubildende für den mittleren und den gehobenen Dienst eingestellt.
- Rund 39.000 Mitarbeiter arbeiten beim Zoll.
- 43 Hauptzollämter, 270 Zollämter, 8 Zollfahndungsämter
- bundesweite Ausbildung an 42 Standorten

Quelle: www.zoll.de

4.1.1 Ausbildung zum Finanzwirt (mittlerer Dienst)

Die Ausbildung als Beamter im mittleren Zolldienst besteht aus einem theoretischen und einem praktischen Teil. Die Theorie wird in einem der Bildungs- und Wissenschaftszentren (BWZ) der Bundesfinanzverwaltung vermittelt. Unterrichtsinhalte sind zunächst die relevanten Gesetzestexte. Die praktische Ausbildung kannst du in einem Hauptzollamt, einem Zollfahndungsamt, beim Zollkriminalamt oder dem Wasserzoll absolvieren.

Aufbau der Ausbildung:

1. **Einführungspraktikum (ca. eine Woche)**

- Einblick in den Berufsalltag
- Organisatorisches

2. **Einführungslehrgang an einem BWZ (ca. sechs Monate)**

Der Unterricht findet mit 25 bis 30 Auszubildenden statt. Bereits jetzt bist du dazu verpflichtet, Dienstkleidung zu tragen. Für die Dauer deiner Ausbildung bekommst du ein neues Notebook mit dem MS-Office-Paket und sämtlichen für dich relevanten Vorschriften und Gesetzestexten zur Verfügung gestellt. Es darf nur für dienstliche Zwecke eingesetzt werden. Aus diesem Grund sind die USB-Ports gesperrt. Ab und zu werden die Geräte zur Pflege und Wartung eingesammelt. Am Ende des Einführungslehrgangs legst du eine Zwischenprüfung ab.

Unterrichtsinhalte:

- berufliche Grundbildung inklusive Informationstechnik
- Vollzugsrecht
- Recht des grenzüberschreitenden Warenverkehrs
- Zolltarifrecht
- Verbrauchssteuerrecht
- Allgemeines Steuerrecht
- Vollstreckungsrecht
- Strafrecht
- Recht der Ordnungswidrigkeiten
- Sozialversicherungsrecht

- Ausländerrecht

3. **Zwischenprüfung**

- Die Zwischenprüfung besteht aus schriftlichen Arbeiten zu den Inhalten des Einführungslehrgangs.

4. **Praktische Ausbildung an Dienststellen des auszubildenden Hauptzollamtes (HZA) (12 Monate)**

- praktisches Kennenlernen der Aufgaben der Zollverwaltung
- Bearbeitung typischer Geschäftsvorgänge
- Anwendung deines Fachwissens bei selbständiger Bearbeitung von Sachverhalten
- begleitende praxisbezogene Lehrveranstaltungen an Dienstsitzen des BWZ

5. **Abschlusslehrgang an einem BWZ (ca. sechs Monate)**

Hier wiederholst und vertiefst du das Gelernte.
Unterrichtsschwerpunkte:

- Vollzugsrecht
- Recht des grenzüberschreitenden Warenverkehrs
- Zolltarifrecht
- Verbrauchsteuerrecht
- Allgemeines Steuerrecht
- Vollstreckungsrecht
- Strafrecht
- Recht der Ordnungswidrigkeiten
- Sozialversicherungsrecht
- Ausländerrecht

6. **Abschlussprüfung**

Die Abschlussprüfung besteht aus ...

- vier schriftlichen Arbeiten und
- einer mündlichen Prüfung zu den Ausbildungsinhalten.

4.1.2 Diplomstudiengang Gehobener nichttechnischer Zolldienst des Bundes

Das Studium findet am Bildungs- und Wissenschaftszentrum (BWZ) in Münster statt und dauert insgesamt drei Jahre. Es besteht aus Grund- und Hauptstudium. Das Hauptstudium ist in zwei Studienabschnitte unterteilt. Außerdem absolvierst du zusätzlich zu dieser theoretischen Ausbildung drei Praktika an den Dienststellen deines Ausbildungshauptzollamtes. Während deines Studiums bekommst du ein Notebook mit Vorschriften und Gesetzestexten zur Verfügung gestellt.

1. **Grundstudium (sechs Monate)**

Lehrinhalte:

- staatsrechtliche und staatspolitische Grundlagen
- rechtliche Grundlagen
- volks- und finanzwirtschaftliche Grundlagen
- betriebswirtschaftliche Grundlagen, Organisation und Informationsverarbeitung
- sozialwissenschaftliche Grundlagen in Psychologie, Soziologie, Pädagogik

Zwischenprüfung

- vier Klausuren zu den Lehrinhalten

2. **Praktikum I (fünf Monate)**

- Einsatz an Dienststellen des ausbildenden Hauptzollamtes
- Bearbeitung von Geschäftsvorgängen
- praxisbezogene Lehrveranstaltungen an Standorten des BWZ (mit Klausur)

3. **Hauptstudium I am BWZ Münster (fünf Monate)**

Studienschwerpunkte:

- Zoll-Studium, Zollausbildung, Zolltest, Auswahlverfahren, Zöllner
- Allgemeines Steuerrecht
- Allgemeines und Besonderes Zollrecht

- Recht der sozialen Sicherung
- Verbrauchsteuer- und Verkehrssteuerrecht
- Betriebswirtschaftslehre
- Rechnungswesen der öffentlichen Verwaltung
- Managementlehre

Ergänzend kannst du Wahlpflichtfächer dazu kombinieren:

- Kontrolle (zum Beispiel Finanzkontrolle von Schwarzarbeit, Zollfahndung)
- Dienstleistungen (zum Beispiel Erstattung und Erlass von Zoll und Steuern)
- Abfertigungen (zum Beispiel Kontrollen am Zollamt)
- E-Government
- Hausarbeit in einem Studienfach deiner Wahl
- Klausuren zum Ende des Studienabschnitts

4. Praktikum II (drei Monate)

- Anwendung des Gelernten
- Erwerb und Training praktischer Kompetenzen
- praxisbezogene Lehrveranstaltungen an Standorten des BWZ (mit Klausur)

5. Hauptstudium II am BWZ Münster (vier Monate)

- Fortsetzung des Hauptstudiums
- Klausuren zum Ende des Studienabschnitts

6. Praktikum III (zehn Monate)

- Anwendung des Gelernten
- Erwerb und Training praktischer Kompetenzen
- praxisbezogene Lehrveranstaltungen an Standorten des BWZ (mit Klausur)

7. Hauptstudium III am BWZ Münster (drei Monate)

- Fortsetzung des Hauptstudiums

8. Laufbahnprüfung

- sechs Klausuren

- mündliche Prüfung

Dein Studium schließt du mit dem akademischen Grad Diplom-Finanzwirt (FH) ab.

4.2 Bewerbung beim Zoll

4.2.1 Einstellungsvoraussetzungen für den mittleren Dienst

Du kannst dich für den mittleren Zolldienst, den mittleren nautischen Zolldienst und den maschinentechnischen Zolldienst bewerben. Eine Altersbeschränkung existiert nicht mehr. Regeln gibt es in Bezug auf Körperschmuck: Als Bundesbeamter repräsentierst du die Bundesrepublik Deutschland. Sichtbarer Körperschmuck ist aus diesem Grund beim Zoll nicht erwünscht. Trägst du Tattoos, Piercings, Brandings, Flesh Plugs und Tunnels im Gesicht, am Hals, auf den Händen oder Armen? Diese Bereiche sind beim Tragen von Dienstkleidung sichtbar. Das kann bedeuten, dass du als Bewerber nicht in Frage kommst. Generell darf dein Körperschmuck keine rechts- und linksradikalen, extremistischen, entwürdigenden, sexistischen, diffamierenden, gewaltverherrlichenden oder menschenverachtenden Dinge zeigen. Damit wirst du auf jeden Fall ausgeschlossen, egal, wo sich der Körperschmuck befindet.

Folgende Voraussetzungen musst du als Bewerber beim Zoll erfüllen:

- **Herkunft**: deutsche Staatsangehörigkeit oder die Staatsangehörigkeit eines EU-Mitgliedstaates sowie von Norwegen, Island, Liechtenstein
- **Demokratisches Grundverständnis:** Eintreten für die freiheitlich-demokratische Grundordnung im Sinne des Grundgesetzes
- **Schulabschluss:**
  Mittlerer Dienst
  Mittlere Reife oder Hauptschulabschluss mit abgeschlossener Berufsausbildung in einem juristischen, steuerlichen oder kaufmännischen Bereich
  Gehobener Dienst
  Fachabitur oder Abitur
- **Körperliche und gesundheitliche Eignung:** Deutsches Sportabzeichen Bronze (nicht älter als ein Jahr)
- **Wasserzolldienst**: nautisches oder maschinentechnisches Befähigungszeugnis

Charakterliche und persönliche Anforderungen

- Teamfähigkeit
- Interesse an wirtschaftlichen Zusammenhängen
- hohes Maß an Leistungsbereitschaft
- Verantwortungsbereitschaft
- keine gerichtlichen Vorstrafen
- Bereitschaft zu Schichtdienst und bundesweiter Verwendung
- Bereitschaft, Dienstkleidung und eine Waffe zu tragen

Bewerbungsunterlagen

Folgende Unterlagen gehören zu deiner Bewerbung:

- Bewerbungsschreiben
- tabellarischer Lebenslauf
- beglaubigte Kopie aller Schulabgangs- und Prüfungszeugnisse (wenn du noch keinen Schulabschluss hast, beglaubigte Kopien der letzten beiden Schulzeugnisse)
- Zeugnisse und beglaubigte Nachweise über eine Berufsausbildung beziehungsweise berufliche Tätigkeiten
- beglaubigter Nachweis des Deutschen Sportabzeichens (mindestens in Bronze) bis spätestens zum 15. Juni eines Einstellungsjahres, das zum Vorlagezeitpunkt nicht älter als zwölf Monate sein darf
- vollständig ausgefüllter vierseitiger Bewerberbogen (Formular 5330) im Original mit eigener Unterschrift von Hand

Zusätzlich können folgende Unterlagen dazukommen, falls etwas davon auf dich zutrifft:

- Einverständniserklärung des gesetzlichen Vertreters, wenn du minderjährig bist
- beglaubigte Kopie des Schwerbehindertenausweises oder des Bescheids über die Gleichstellung
- beglaubigte Kopie des Zulassungs- beziehungsweise Eingliederungsscheins oder der Bestätigung gemäß § 10 Abs. 4 des Soldatenversorgungsgesetzes sowie Dienstzeugnisse der Bundeswehr

Quelle: www.zoll.de

4.2.2 Bewerbungsfrist

Der Zoll stellt jedes Jahr zum 1. August neue Auszubildende ein. Deine Bewerbung muss bis zum 30. September des Vorjahres eingegangen sein. Bewerben kannst du dich bei jedem Hauptzollamt. Du kannst in deinem Bewerberbogen angeben, welches Zollamt dein Erst- und Zweitwunsch für die Ausbildung ist. Generell kannst du nur eine Bewerbung für den mittleren Dienst bei der Zollverwaltung in Deutschland abgeben. Einreichen kannst du deine Bewerbungsunterlagen per Post oder per E-Mail. Akzeptiert werden aus Sicherheitsgründen nur PDF-Dateien ohne Hyperlinks. Falls du deine Unterlagen ausgedruckt einschickst, verzichte auf eine Bewerbungsmappe. Der Zoll bittet ausdrücklich darum, nur eine Loseblattsammlung abzugeben.

4.3 Das Einstellungsverfahren

Mittlerer und gehobener Dienst

Der Eignungstest findet an zwei Verfahrenstagen statt. Wichtig: Du musst jede Station einzeln bestehen. Sonst wirst du zur nächsten gar nicht erst zugelassen. Der schwierigste Teil des Einstellungstests erwartet dich am zweiten Tag beim Assessment Center. Der Sporttest wurde inzwischen durch den Nachweis des Sportabzeichens (Bronze) ersetzt. Die hier dargestellten Abläufe und Beispielaufgaben sind inhaltlich der Website www.zoll.de sowie Interviews mit Bewerbern entnommen.

4.3.1 Erster Verfahrenstag – Einstellungstest Zoll schriftlich

Der Test nimmt für Anwärter zum mittleren Dienst ungefähr dreieinhalb Stunden, für Bewerber zum gehobenen Dienst etwa vier Stunden in Anspruch. Zur Lösung der Mathematik-Aufgaben darfst du einen Taschenrechner verwenden.

Zahlenverständnis

- Grundrechenaufgaben
- Prozentrechnung
- Zinsrechnung
- Dreisatz
- lineare Funktionen

Sprachverständnis

- Sprachaufgaben
- Grammatik und deutsche Rechtschreibung
- Fähigkeiten in der Anwendung von Rechtsvorschriften
- Textverständnis

Bei den Sprachaufgaben musst du unter anderem Gegenteile (Antonyme) finden. Dir werden sechs Begriffe vorgelegt. Immer zwei passen zusammen, zum Beispiel „sicher – gefährlich". Nach den Grammatik- und Rechtschreibaufgaben bekommst du mehrere Paragrafen aus Gesetzestexten vorgelegt. Anschließend werden dir Fälle präsentiert und du musst entscheiden, welcher Paragraf zur Anwendung kommt – oder ob keiner passt. Diese Aufgabe ist anspruchsvoll: Verstehst du den Gesetzestext? Kannst du die wesentlichen Informationen entnehmen und auf einen konkreten Fall übertragen?

Außerdem wird dein Textverständnis geprüft. Du erhältst einen längeren Text von bis zu sieben Seiten und musst anschließend Fragen dazu beantworten.

Tipp:

Markiere wichtige Passagen mit einem Textmarker.

Arbeitsprobe (Erörterung)

Anschließend beziehst du schriftlich zu einem vorgegebenen Thema Stellung. Im Kern handelt es sich bei diesem Aufsatz um eine Erörterung. Von Anwärtern für den mittleren Dienst wird entweder eine Inhaltsangabe oder eine lineare Erörterung erwartet. Linear bedeutet, dass du aus einer Perspektive argumentierst und entweder nur die Pro-Argumente oder nur die Contra-Argumente zu einem Thema darstellst. Dabei fängst du mit dem schwächsten Argument an.

Wer sich für den gehobenen Dienst bewirbt, verfasst eine dialektische Erörterung mit pro und contra, entweder nach dem „Sanduhr“- oder nach dem „Pingpong“-Prinzip.

Mögliche Themen (mittlerer Dienst):

- Stellen Sie uns den Inhalt Ihres Lieblingsfilms (Kino oder Fernsehen) dar.
- Sollte an deutschen Schulen eine Schuluniform eingeführt werden?

Mögliche Themen (gehobener Dienst):

- Welche Vor- und Nachteile bringt die Ausrichtung eines sportlichen Großereignisses für das gastgebende Land?
- Stellen Sie die Vor- und Nachteile von Pauschalreisen dar.

Bewertet werden Struktur, Logik, Ausdrucksweise, Rechtschreibung, Zeichensetzung und Grammatik. Am besten gliederst du deinen Test übersichtlich in Einleitung, Hauptteil und Schluss: Die Einleitung sollte auf das Thema einstimmen und neugierig machen. Argumente dürfen noch nicht genannt werden. Im Hauptteil präsentierst du deine Argumente in sinnvoller Reihenfolge. Sie sollten anschaulich erläutert und mit Beispielen untermauert werden. Achte auf eine übersichtliche Gliederung. Dazu gehört ein Absatz nach der Einleitung und nach jedem ausführlich ausgeführten Argument.

Im Schlussteil solltest du die Argumente gegeneinander abwägen. Das Ende bildet ein Fazit mit einer klaren Position.

Wissenstest (Allgemeinbildung)

Bei diesem Testabschnitt bekommst du überwiegend Multiple-Choice-Aufgaben zum Ankreuzen. Dabei musst du aus vier Vorgaben die korrekte Antwort auswählen.

Ab und zu wird eine offene Frage ohne Antwortvorgaben gestellt. Thematisch geht es um den Zoll selbst und um Wissen aus den Bereichen Politik, Geografie, Gesellschaft und Soziales.

Beispielfragen:

- „Welche Wirtschaftsform gibt es in Deutschland?" (Soziale Marktwirtschaft)
- „Wann war die Französische Revolution?" (1789)
- „Wo liegt das Erzgebirge?" (teils in Sachsen, teils in der Tschechischen Republik)
- „Welches Land gehört nicht zum Vereinigten Königreich von Großbritannien?" (Irland)
- „Wie heißt die Hauptstadt von Spanien?" (Madrid)
- „Welcher Fluss fließt durch die Hauptstadt von Deutschland?" (Spree)
- „In welchen Bundesländern liegen folgende Städte: Kiel, Düsseldorf, Erfurt und Potsdam?" (Schleswig-Holstein, Nordrhein-Westfalen, Thüringen, Brandenburg)

4.3.2 Zweiter Verfahrenstag Zoll – Einstellungstest mündlich (Assessment Center)

Zum Assessment Center wirst du nur eingeladen, wenn du beim ersten Verfahrenstag gute Ergebnisse erzielt hast.

- Gruppendiskussion
- Rollenspiel

- Kurzvortrag (nur gehobener Dienst)
- Einzelgespräch

Gruppendiskussion

Die Diskussionsthemen stammen in der Regel mitten aus dem Leben. Beziehe Position, höre aber auch den anderen in der Gruppe aufmerksam zu. Entscheidend ist, dass du eine Balance findest: Einerseits sollst du beweisen, dass du dich behaupten kannst. Andererseits steht deine Teamfähigkeit auf dem Prüfstand. Greife die Argumente der anderen auf, entkräfte oder erweitere sie.

Besonders für Anwärter auf den gehobenen Dienst gilt: Versuche, ruhigere Teilnehmer zu integrieren. Das zeigt ein Stück weit Führungsfähigkeiten.

Tipp:

Höre möglichst aufmerksam zu. Es kommt vor, dass jemand am Ende der Diskussion gebeten wird, das komplette Gespräch zusammenzufassen.

Mögliche Themen:

- Welche Vor- und Nachteile haben soziale Netzwerke wie Facebook?
- Warum bewerben sich so viele Menschen bei Casting Shows und schauen Unterhaltungsshows?
- Sollen Schuluniformen an deutschen Schulen eingeführt werden?

Rollenspiel

Bewerber werden im Rollenspiel mit unterschiedlichen Alltagssituationen konfrontiert. In der Regel spielt ein Zoll-Mitarbeiter aktiv die Rolle eines Auszubildenden oder Kollegen. Versuche, dich auf die Situation einzulassen.

Situation 1: Der Prüfer schlüpft in die Rolle eines lustlosen Auszubildenden, der keine Lust mehr hat, seine Ausbildung beim Zoll abzuschließen. Deine Aufgabe besteht darin, mit der Situation umzugehen. Eine Möglichkeit ist, ihm erst einmal zuzuhören und ihm dann zu raten, seine Ausbildung fortzusetzen und mit Erfolg abzuschließen. Dabei kannst du sämtliche Vorteile der Ausbildung und des Zolldienstes auf den Punkt bringen. Oder du gibst Tipps, wie er seine Motivation zurückgewinnen kann. Vielleicht steckt auch ein persönliches Problem hinter seiner Lustlosigkeit? Sei kreativ, einfühlsam – und zeige, dass du selbst voll und ganz hinter deiner Ausbildung beim Zoll stehst. Vielleicht kannst du ihn über eure gemeinsame Tätigkeit als Team wieder ins Boot holen.

Situation 2: Oder du hast einen Konflikt mit einem schwierigen Kollegen. Ausgangssituation: Dein Kollege kommt und geht, wann er will. Seine Motivation ist gleich null. Er lässt dich die Arbeit alleine machen. Gleichzeitig übt er permanent Kritik an deiner Leistung und deiner Arbeitsgeschwindigkeit. Du kannst ihm nichts recht machen. Von eurem gemeinsamen Vorgesetzten heimst er allerdings das Lob ein.

Sprich deinen Kollegen darauf an, wie sein Verhalten auf dich wirkt. Sende Ich-Botschaften und vermeide Du-Anschuldigungen. Versuche, sachlich deinem Kollegen bewusst zu machen, dass ihr ein Team seid. Dir gelingt es nicht, den Konflikt zu lösen? Das ist kein Problem. Geprüft wird vor allem, wie du auf deinen Kollegen zugehst. Bleibst du konstruktiv, ruhig, freundlich? Nimmst du ihn als Teamkollegen ernst? Kannst du dich im Gespräch argumentativ durchsetzen?

Postkorb-Übung

Bei der Postkorb-Übung zeigst du, dass du in der Lage bist, unter Zeitdruck einen klaren Kopf zu behalten. Du musst blitzschnell Wichtiges und Unwichtiges voneinander unterscheiden, Entscheidungen treffen und deine Stressresistenz unter Beweis stellen.

Situation 1: Dein Chef ist in Urlaub. Während seiner Abwesenheit bearbeitest du die eingehenden Fälle. Vor dir liegen ein Kalender, ein Notizblatt und ein Stift. Du bekommst eine Reihe unterschiedlicher Aufgaben auf den Tisch und musst priorisieren: Was muss wann erledigt werden? Was ist wichtig und dringend, was weniger? (Achte auf vorgegebene Daten.) Beim Bewältigen dieser Aufgabe ist die sogenannte **Eisenhower-Matrix** eine gute Unterstützung:

Als Erstes solltest du dir einen Überblick über die anfallenden Aufträge und Aufgaben verschaffen. Danach teilst du sie in vier Kategorien ein:

- **Wichtig und dringend:** Diese Aufgaben erledigst du sofort.
- **Wichtig, aber nicht dringend:** Diese Aufgaben legst du auf einen Termin und erledigst sie dann.
- **Nicht wichtig, aber dringend:** Diese Aufgaben kannst du an andere delegieren.
- **Weder wichtig noch dringend:** Diese Aufgaben kannst du unerledigt lassen.

Am Ende hast du entweder den Kalender bestückt und Notizen für deinen Chef gemacht oder du schreibst für deinen Vorgesetzten einen Bericht.

Vortrag

Auf das Rollenspiel folgt der so genannte Aktenvortrag. Dazu bekommst du zunächst einen Sachverhalt vorgelegt, in den du dich für ungefähr zehn Minuten einliest. Es geht dabei in der Regel um eine Situation aus dem Zoll-Alltag. Anschließend stellst du den Sachverhalt in knapper, sachlicher Form vor in einem Fünf-Minuten-Vortrag vor.

Es handelt sich gewissermaßen um einen mündlichen Bericht. Darum ist eine neutrale, sachliche Darstellung und Sprechweise entscheidend. Achte auf eine Einleitung und beantworte zuerst die W-Fragen

(Wer? Was? Wann? Wo? Warum? Welche Folge?). Unwichtige Einzelheiten solltest du weglassen.

Vorstellungsgespräch

Der letzte Punkt ist das Vorstellungsgespräch, dem wir ein eigenes Kapitel widmen. Wenn du es bis zu diesem Punkt geschafft hast: Herzlichen Glückwunsch!

4.4 Die häufigsten Fragen im Vorstellungsgespräch

Im Vorstellungsgespräch wird deine Motivation und Eignung für den Job persönlich hinterfragt. Bereite dich auf Fragen zu deinem Berufswunsch vor. Außerdem solltest du dich mit den Aufgaben des Zolls auseinandersetzen und wissen, wie die Ausbildung beziehungsweise das duale Studium ablaufen. Lege dir selbst auch ein paar Fragen zum Zoll zurecht.

4.4.1 Fragen nach Gründen für die Berufswahl

Häufige Fragen

1. „Warum wollen Sie beim Zoll anfangen?"
2. „Was zeichnet Sie als Bewerber aus?"
3. „Was machen Sie in Ihrer Freizeit?"
4. „Was macht einen guten Chef aus?"
5. „Was sind Ihre persönlichen Stärken?"

Gute Antworten

1. „Ich suche einen spannenden, abwechslungsreichen Beruf, in dem ich sowohl Kopfarbeit als auch Körpereinsatz zeigen kann. Der Zoll bietet vielfältige Möglichkeiten wie Baustellen-Kontrollen wegen möglicher Schwarzarbeit, Prüfung des Warenverkehrs am Flughafen oder Kontrollen auf der Autobahn. Das interessiert mich alles sehr."
2. „Ich bin ungebunden und flexibel. Darum habe ich kein Problem damit, bundesweit versetzt zu werden. Generell bin ich offen für Neues und gehe auf Herausforderungen mit einer positiven Grundhaltung zu. Außerdem komme ich problemlos mit Menschen unterschiedlicher Kulturen ins Gespräch. Da kommt mir mein multikultureller Hintergrund zugute. Mein Vater ist Pole, meine Mutter stammt gebürtig aus Griechenland. Ich spreche allerdings nur Polnisch und Deutsch auf muttersprachlichem Niveau."
3. „Vor allem verbringe ich meine Freizeit mit Sport. Ich spiele Tennis und gehe im Sommer regelmäßig schwimmen. Mindestens einmal die Woche bin ich zusätzlich im Fitnessstudio. Außerdem bin ich im Tierschutzverein aktiv. Auf Stadt-

festen und Flohmärken verkaufe ich Gebäck, Selbstgebasteltes und Gespendetes. Das Geld kommt den Tieren zugute. Ich habe selbst einen Hund, mit dem ich auf dem Hundeplatz trainiere."

4. „Ich denke, ein guter Chef ist ehrlich und direkt mit Lob und Kritik. Dadurch wissen die Mitarbeiter immer, woran sie sind. Er sollte sachlich sein, nicht cholerisch. Wichtig finde ich auch, dass er klare Anweisungen gibt und einen Überblick über die Fähigkeiten und Leistungen seiner Mitarbeiter hat."
5. „Ich habe ein sehr gutes Gedächtnis und einen Blick für Details. Gesichter erkenne ich sofort wieder. Das passiert mir beim Fernsehen, aber auch wenn ich Menschen in der Realität begegne. Die Einzelheiten, wie sie aussehen, was sie beruflich machen oder Dinge wie ihren Geburtstag vergesse ich nicht. Dafür brauche ich keinen Kalender. Das finden meine Freunde ziemlich beeindruckend. Außerdem bin ich körperlich sehr fit und belastbar. Ich jobbe nebenbei im Supermarkt. Am liebsten habe ich die Schichten direkt vor Feiertagen. Stress, Hektik, Trubel – ich finde das toll. Die Zeit vergeht wie im Flug, man ist richtig gefordert. Oft erkenne ich auch an der Kasse die Kunden wieder und kann sie mit Namen ansprechen."

Erklärung und Bewertung

Zu Antwort 1: Den Bewerber spricht besonders der aktive Teil der Arbeit beim Zoll an. Allerdings gibt es auch die Chance, dass er am Schreibtisch eingesetzt wird, etwa um Energie- und Tabaksteuern einzutreiben.

Zu Antwort 2: Dieser Bewerber weiß genau, worauf es ankommt. Er punktet mit Kontaktfreudigkeit, Flexibilität, interkultureller Kompetenz und vielfältigen Sprachkenntnissen. All das ist wichtig im Zolldienst, wo man ständig mit Menschen verschiedener Kulturen zu tun hat und bundesweit an den unterschiedlichsten Stellen eingesetzt werden kann.

Zu Antwort 3: Im mittleren Dienst ist das Sportabzeichen in Bronze Pflicht. Es ersetzt den Sporttest. Deswegen ist die Fitness dieses Kandidaten auf jeden Fall ein Pluspunkt. Dass er tierlieb ist und gut mit Hunden umgehen kann, könnte bedeuten, dass er als Hundeführer beim Zoll in Frage kommt. (Allerdings ist die Wahrscheinlichkeit, es dorthin zu schaffen, nicht hoch.) Positiv ist sein ehrenamtliches Engagement für den Tierschutz.

Zu Antwort 4: Eine Person, die bei ihrem Vorgesetzten auf Offenheit und Ehrlichkeit Wert legt, verfügt aller Wahrscheinlichkeit nach selbst über diese Eigenschaften. Er möchte als Bewerber Feedback, auf das er sich verlassen kann. Nur mit dieser Rückmeldung kann er wachsen und sich entwickeln. Seine Antwort verrät Ehrgeiz und Aufstiegswillen: Er möchte, dass der Chef seine Leistung sieht und honoriert.

Zu Antwort 5: Ein gutes Gedächtnis ist vorteilhaft für die Arbeit beim Zoll. Ebenso der Blick für Details.

4.4.2 Fragen zur Auseinandersetzung mit dem Beruf

Häufige Fragen

1. „Welche Aufgaben hat der Zoll?“
2. „Was leistet der Zoll durch die Überwachung des grenzüberschreitenden Warenverkehrs?“
3. „Wie viele Zollbeamte gibt es?“
4. „Wie ist die Zollverwaltung aufgebaut?“
5. „Was ist das Besondere am Beamtenstatus?“

Gute Antworten

1. Zollbeamte ...
    - sorgen für Sicherheit, Gerechtigkeit und sie schützen die deutsche Wirtschaft.
    - Sie kontrollieren, welche Waren über die deutsche Grenze importiert und exportiert werden.
    - beschlagnahmen Plagiate.

- verhindern den Schmuggel von Zigaretten, Drogen, Waffen und Bargeld.
- gehen gegen den Handel mit geschützten Tieren und Pflanzen vor.
- kämpfen gegen Schwarzarbeit und illegale Beschäftigung.
- sorgen für die Bezahlung des Mindestlohns.
- erheben Steuern im Auftrag des Bundes (Energiesteuer, Tabaksteuer, Stromsteuer, Einfuhrumsatzsteuer, KFZ-Steuer).

2. Der Zoll schützt die Wirtschaft vor Wettbewerbsverzerrung durch Plagiate und die Verbraucher vor grenzüberschreitender organisierter Kriminalität. Außerdem leistet der Zoll einen wichtigen Beitrag zum Umweltschutz.
3. Rund 40.000 Mitarbeiter sind beim Zoll beschäftigt.
4. Um die politische und strategische Steuerung der Zollverwaltung kümmert sich das Bundesministerium der Finanzen (BMF). Die Zollverwaltung ist eingeteilt in
   - fünf Bundesfinanzdirektionen,
   - 43 Hauptzollämter und
   - 271 Zollämter auf Ortsebene.

   Außerdem gibt es den Zollfahndungsdienst einschließlich dem Zollkriminalamt sowie acht nachgeordnete Zollfahndungsämter.
5. Beamte genießen bestimmte Privilegien. Als Staatsdiener arbeiten sie in einem öffentlich-rechtlichen Dienstverhältnis. Sie sind unkündbar und erhalten eine Besoldung, die deutlich über dem Lohn von Arbeitnehmern liegt.
   - **Krankenversicherung**: Beamte zahlen keine Krankenversicherung. Sie erhalten im Krankheits-, Geburts-, Pflege- und Todesfall sogenannte Beihilfe. Das führt häufig zu einer bevorzugten Behandlung, denn Ärzte dürfen den 2,3-fachen Satz abrechnen.
   - **Pension**: Die Pension wird auf der Grundlage der letzten drei Berufsjahre berechnet. Das heißt, zur Rentenberechnung herangezogen wird die höchste Gehaltsstufe. Die Kosten für die Pensionen werden von der Staatskasse getragen. Mehrheitlich gilt bei Beamten nach wie vor die Rente mit 65.

- **Versorgungsfreibetrag**: Die Pension muss komplett versteuert werden. Dafür erhalten Pensionäre einen sogenannten Versorgungsfreibetrag, der ihr Einkommen schmälert. Die staatlichen Ausgaben für Beamtenpensionen belaufen sich auf rund 26 Milliarden Euro jährlich.

Allerdings dürfen Beamte nicht streiken. Sie können vom Dienstherrn nach Bedarf versetzt werden.

4.4.3 Fragen zur Allgemeinbildung

Häufige Fragen

1. „Welche Aufgabe übernimmt der Zoll in der EU?"
2. „Welche Minister kennen Sie?"
3. „Welche wichtige Aufgabe leistet der Zoll durch die Überwachung des grenzüberschreitenden Warenverkehrs?"
4. „Wieso stellen Plagiate ein Problem dar?"
5. „Wie trägt der deutsche Zoll zum Artenschutz bei?"

Gute Antworten

1. „Der deutsche Zoll ist eine von 28 Zollverwaltungen in der EU. Er ist weltweit vernetzt und setzt sich für deutsche Interessen ein. Durch eine grenzüberschreitende Zusammenarbeit zwischen den Ländern können kriminelle Organisationen sehr viel besser verfolgt werden. Der deutsche Zoll ist an der Bekämpfung von Rauschgift-, Waffen- und Zigarettenschmuggel maßgeblich beteiligt. Außerdem arbeiten deutsche Zollbeamte als Aufbauhelfer in Krisengebieten mit."
2. „Olaf Scholz ist Minister für Finanzen, Katarina Barley ist Ministerin für Justiz, Hubertus Heil ist Minister für Arbeit und Soziales und Andreas Scheuer ist Minister für Verkehr und Infrastruktur."
3. „Durch die Überwachung des grenzüberschreitenden Warenverkehrs leistet der Zoll einen Beitrag zum Schutz der Bevölkerung, der heimischen Wirtschaft, der Umwelt und der menschlichen Gesundheit."
4. „In Deutschland werden viele neue Produkte entwickelt. Schätzungen zufolge verursachen Plagiate jedes Jahr einen Schaden von mehreren Milliarden Euro. Wer billige, nachgemachte Produkte erwerben kann, kauft keine Originale

mehr. Dadurch gehen Arbeitsplätze verloren. Außerdem können bestimmte Produkte wie Medikamente schlimmstenfalls die Gesundheit gefährden. Im Jahr 2014 hat der deutsche Zoll immerhin Plagiate im Wert von mehr als 137 Millionen Euro aus dem Verkehr gezogen."

5. „Der Zoll deckt zum Beispiel bei Gepäckkontrollen an Flughäfen Verstöße gegen die Artenschutzbestimmungen auf. Über 8.000 Tiere und 40.000 Pflanzenarten fallen unter Artenschutz. Der Handel mit diesen Tieren und Pflanzen sowie daraus hergestellten Erzeugnissen ist verboten."

4.5 Interviews mit Bewerbern

4.5.1 Interview mit Hatice – Bewerberin um eine Ausbildung beim Zoll (mittlerer Dienst)

MH: Wieso möchtest du dich beim Zoll bewerben? Wie bist du auf dieses Berufsziel gekommen?

Das ist ein Jugendtraum. Ich habe vor acht Jahren meine Ausbildung zur Kosmetikerin abgeschlossen, aber festgestellt, dass es nicht das ist, was ich wollte ... Meine Familie und ich sind oft gereist. Dadurch wurde ich auf die Zollbeamten am Flughafen aufmerksam. Also habe ich mich beim Zoll beworben. Zu der Zeit war ich 19. Leider gab es damals eine Mindestgröße, die man einhalten musste. Also habe ich diesen Traum beiseitegeschoben ... Ich bin nur 1,61 m groß. Nach langen Jahren voller Bewerbungen, Absagen und Jobs, in denen ich nicht glücklich war, hat es mich letztens wieder gepackt. Das kam durch ein Posting auf Facebook: „Werde auch du Bundesadlerauge". Also habe ich mich erneut beim Zoll informiert und Ta-daaa, die Größe spielt keine Rolle mehr. Nun hatte ich Angst, wegen meines Alters keine Chance mehr zu haben. Ich bin 27. Als ich beim Zoll-Karriere-Team nachgefragt habe, kam jedoch eine positive Antwort zurück. Also bereite ich mich jetzt auf das Auswahlverfahren für die Ausbildung beim Zoll vor.

MH: Was reizt dich so an der Tätigkeit beim Zoll?

Als Zollbeamtin braucht man meiner Meinung nach Stärke, Respekt und Disziplin. Das sind alles Eigenschaften, die ich besitze. In dem Beruf lernt man viele Menschen kennen und man hat sehr viel Abwechslung. Vor allem gibt es sehr viele Weiterbildungsmöglichkeiten. Ein Studium würde mich reizen. Zwar müsste ich noch per Fernstudium mein Abitur machen, aber sollte ich es schaffen, würde ich über ein Studium beim Zoll nachdenken. Dann wäre ich im gehobenen Dienst.

MH: Hast du im Anschluss an deine Ausbildung bis jetzt als Kosmetikerin gearbeitet?

Leider nein. In der Branche war es sehr schwierig, etwas zu finden. Ich hatte einen Minijob und war hinterher in der Produktion. Parallel dazu habe ich mich immer wieder für Ausbildungen beworben. Als ich von der Firma gekündigt wurde, hatte ich die Nase voll und bin in die Türkei, mein Herkunftsland, gegangen. Ich dachte, dass ich dort im kaufmännischen Bereich etwas finden würde, da ich fließend Deutsch spreche ... Das lief nicht so gut. Das Gehalt war zu niedrig. Also bin ich nach einem Jahr zurück nach Deutschland gekommen.

Ich habe mich hier wieder für Ausbildungen beworben, erfolglos. An den Zoll dachte ich nicht, weil ich glaubte, dass die Größe noch immer eine Rolle spielt. Also habe ich schließlich einen Kurs zur Fußpflegerin gemacht. Seitdem bin ich als Kosmetikerin tätig. Aber ich bin in diesem Berufsfeld einfach nicht glücklich.

MH: Du hast einen ziemlich bewegten Berufsweg hinter dir. Für welchen Ausbildungsgang beim Zoll bewirbst du dich?

Ich möchte in den mittleren Dienst und nach der Ausbildung am liebsten an die Grenze oder auf den Flughafen. Da ich ungebunden bin, ist mir wirklich egal, wo ich lande.

MH: Wo siehst du die Vor- und Nachteile in diesem Beruf?

Die Vorteile sind, dass man einen abwechslungsreichen und sicheren Job hat. Man lernt viele Leute kennen und man bekommt Sachen mit, die ein normaler Bürger nur im Fernsehen sieht. Nachteile sehe ich eigentlich keine, vielleicht wird es irgendwann mit dem Alter schwierig, eine Nachtschicht zu schieben, aber ansonsten ... Es kann sein, dass man versetzt wird. Man wird in ganz Deutschland eingesetzt und kann vielleicht nicht immer in der Nähe seines Wohnortes sein. Wenn ich eine Familie hätte, könnte das ein Problem sein. Aber der Zoll soll wohl darauf Rücksicht nehmen, wenn man sagt, man möchte in der Nähe der Familie bleiben.

MH: Wie hast du dich auf das Einstellungsverfahren vorbereitet?

Das mache ich immer noch! Ich habe mir drei Bücher zum Üben für den Einstellungstest bestellt, eine CD und ein Online-Lernprogramm gekauft. Beim mündlichen Auswahlverfahren wird ein Thema vorgegeben, über das man in der Gruppe diskutieren muss. Dann folgt ein Rollenspiel und ganz zum Schluss kommt das Gespräch.

Ich schaue mir immer Nachrichten an, folge auf Facebook Seiten wie Spiegel oder Focus und versuche, auf dem Laufenden zu sein, was politische Nachrichten angeht. Auf das Rollenspiel bereite ich mich nicht vor. Beim Gespräch bin ich mir sicher, dass Fragen dazu gestellt werden, wieso der Beruf mich interessiert. Und ich muss Details zum Berufsalltag wissen. Damit kenne ich mich sowieso aus. Ich denke, man muss sich einfach nur gut informieren und lernen. Der Rest kommt dann von allein.

MH: Hast du das Sportabzeichen Bronze schon bestanden?

Das muss ich noch machen. Deshalb bin ich jetzt öfter im Fitnessstudio als sonst, um meine Kondition zu verbessern.

MH: Vermutlich musst du innerhalb des Vorstellungsgesprächs etwas zu deinen Stärken und Schwächen sagen. Hast du dir darüber schon Gedanken gemacht?

Meine Stärke ist auf jeden Fall Genauigkeit. Ich arbeite konzentriert und versuche, alles stets sauber und präzise zu erledigen. Ich bin sehr kontaktfreudig, das heißt, ich kann auf Menschen zugehen und mich mit ihnen unterhalten. Außerdem bin ich ein sehr guter Zuhörer und arbeite liebend gerne mit einem Team zusammen. Meine Schwäche wird vielleicht die Waffe sein. Falls es einen Notfall gibt und ich sie zücken muss, hätte ich Angst, dass ich zu lange zögere. Aber das ist etwas, was ich vielleicht während der Ausbildung lernen werde.

4.5.2 Interview mit Lukas – Bewerber um eine Ausbildung beim Zoll (mittlerer Dienst)

MH: Du hast dich beim Zoll für den mittleren Dienst beworben. Wie kam es dazu?

Meine Mutter unterrichtet Englisch am Gymnasium und hat viele Freunde und Bekannte in den USA. Die schicken ihr öfter Päckchen und Pakete. Meistens sind das Bücher oder Geschenke zu Weihnachten, zum Geburtstag und zu Ostern. Sie muss die meisten Pakete vom Hauptzollamt abholen. Einmal bin ich mitgefahren. Ich fand es unheimlich spannend, die Abläufe mitzuerleben. Meine Mutter musste das Paket unter Aufsicht öffnen. Der Inhalt wurde begutachtet – und wir durften alles mitnehmen und gehen. Andere Leute dort hatten über eBay günstig ein Smartphone gekauft. Die mussten dafür eine Rechnung vorlegen. So bin ich auf den Beruf des Zollbeamten aufmerksam geworden. Später habe ich dann im Fernsehen „Achtung Kontrolle!“ gesehen. Das ist eine Real-Life-Doku-Serie. Dabei ging es um Zollkontrollen am Flughafen. Das fand ich richtig spannend. Danach habe ich angefangen, mich ernsthaft mit dem Beruf zu beschäftigen.

MH: Warum hast du nicht erst Abitur gemacht und dich für den gehobenen Dienst beworben?

Das wollte ich nicht. Gehobener Dienst heißt, du machst mehr Verwaltungsarbeit, überwachst und kontrollierst. Ich will aber an der Basis arbeiten. Für mich stand seit der 9. Klasse fest, dass ich kein Abitur machen wollte. Also habe ich mich nach der 10. Klasse mit dem Realschulabschluss beworben.

MH: Wie waren deine Noten?

Ziemlich okay. Ich war kein schlechter Schüler, ich hatte nur keine Lust mehr. Das Analysieren von Gedichten und Texten habe ich schon in Deutsch gehasst. In der Oberstufe hätte ich das in allen Sprachfächern machen müssen. Jedenfalls hatte ich einen guten Dreierdurchschnitt.

MH: Gibt es etwas an dem Beruf des Zollbeamten, was dir nicht gefällt?

Ja, ich finde den Gedanken nicht so angenehm, dass ich überallhin versetzt werden kann. Ich durfte für meine Ausbildung zwar einen Erstwunsch und einen Zweitwunsch angeben. Aber es gibt eben keine Garantie, dort tatsächlich hinzukommen. Alles andere finde ich nach wie vor ideal: Das Aufgabenspektrum ist breit: Als Zollbeamter bist du eine Art Polizist. Du bekämpfst Schwarzarbeit, schützt die Bevölkerung vor organisierter Kriminalität, ziehst Rauschgift, Waffen und Plagiate aus dem Verkehr. Du bist eben nicht nur ein Schreibtischtäter. Wobei ich damit auch keine Probleme habe. Ich habe mich schon immer für Gesetze und Gesetzestexte interessiert, und das Eintreiben von Steuern hält unseren Staat am Laufen.

MH: Wo möchtest du später am liebsten eingesetzt werden?

Wenn ich wählen dürfte, am Flughafen. Da ist garantiert kein Tag wie der andere.

MH: Wie war dein Einstellungstest?

Ich fand ihn insgesamt gut machbar. Die Mathe- und Sprachaufgaben waren kein Problem. Aus der Schule war ich an viel schwierigere Aufgaben gewöhnt. Zum Rechnen darf man sogar einen Taschenrechner verwenden. Vor der Rechtschreibprüfung hatte ich ziemlich Respekt. Dafür hatte ich extra viel geübt. Aber selbst diese Aufgaben waren relativ einfach. Bei der Gruppendiskussion kamen die Vor- und Nachteile von Facebook dran.

Das Vorstellungsgespräch war noch mal ziemlich aufregend. Im Nachhinein muss ich aber sagen, dass man sich davor nicht verrückt machen sollte. Ein bisschen Wissen über den Zoll sollte man sich anlesen. Sonst kommen eigentlich nur Standardfragen dran: Warum wollen Sie zum Zoll? Was sind Ihre Stärken? Können Sie sich vorstellen, eine Dienstuniform und eine Waffe zu tragen? Solche Dinge. Die kann jeder ernsthafte Bewerber beantworten. Was man üben sollte ist, lange Sachtexte zu lesen. Am besten mit Textmarker, sodass man das Wichtigste gleich kennzeichnen kann.

4.6 Anhang

4.6.1 Zoll-Wissen kompakt

Die Zollbehörde gehört zum Bundesministerium der Finanzen (BMF). Oberster Vorgesetzter ist Finanzminister Olaf Scholz (Stand: März 2018).

Aufgaben des Zolls

- Steuern eintreiben
- Kontrolle des internationalen Warenverkehrs
- Bekämpfung von Schwarzarbeit
- Bekämpfung von Rauschgiftkriminalität
- Bekämpfung von Marken- und Produktpiraterie
- Artenschutz

Steuern eintreiben
Zu den Hauptaufgaben der Zollverwaltung gehört das Eintreiben von Steuern. Im Jahr 2017 hat der Zoll rund 130 Milliarden Euro eingenommen. Das sind mehr als 40 Prozent der Steuereinnahmen des Bundes.

Kontrolle des internationalen Warenverkehrs
Außerdem kontrolliert der Zoll den internationalen Warenverkehr. Dabei erhebt er Einfuhrabgaben und prüft, ob die Artikel legal eingeführt werden dürfen. 2016 wurden mehr als 220 Millionen Sendungen im Warenverkehr mit Nicht-EU-Staaten abgefertigt, mit einem Gesamtwert von über 970 Milliarden Euro.

Bekämpfung der Schwarzarbeit und illegalen Beschäftigung
Im Jahr 2017 hat der Zoll über 52.000 Arbeitgeber kontrolliert und beinahe 108.000 Strafverfahren eingeleitet. Wegen Unterschreitung des gesetzlichen Mindestlohns wurden 2.518 Verfahren durchgeführt.

Bekämpfung der Rauschgiftkriminalität
Über sieben Tonnen Kokain wurden 2017, unter anderem im Hamburger Hafen, sichergestellt. Außerdem stellte der Zoll zehn Tonnen andere Rauschgiftarten wie Marihuana und Amphetamine sicher.

Bekämpfung der Marken- und Produktpiraterie
Fast 70 Prozent der 2017 beschlagnahmten Artikel wurden in China und Hongkong gefertigt. Besonders oft werden Kleidung, Schuhe und Accessoires nachgemacht. Der Wert der gefälschten Waren lag bei fast 200 Millionen Euro.

Erhalt der Artenvielfalt
Der Zoll stellte 2017 über 45.000 Exemplare geschützter Tier- und Pflanzenarten beziehungsweise aus Tieren hergestellte Produkte sicher.

4.6.2 Zusammensetzung der Bundesregierung (seit 14. März 2018)

Amt	Amtsinhaber	Partei
Bundeskanzlerin	Angela Merkel	CDU
Finanzen (BMF) Stellvertreter der Bundeskanzlerin	Olaf Scholz	SPD
Auswärtiges Amt (AA)	Heiko Maas	SPD
Wirtschaft und Energie (BMWi)	Peter Altmaier	CDU
Inneres, Bau und Heimat (BMI)	Horst Seehofer	CSU
Justiz und Verbraucherschutz (BMJV)	Katarina Barley	SPD
Arbeit und Soziales (BMAS)	Hubertus Heil	SPD
Familie, Senioren, Frauen und Jugend (BMFSFJ)	Franziska Giffey	SPD
Verkehr und digitale Infrastruktur (BMVI)	Andreas Scheuer	CSU

Amt	Amtsinhaber	Partei
Ernährung und Landwirtschaft (BMEL)	Julia Klöckner	CDU
Verteidigung (BMVg)	Ursula von der Leyen	CDU
Gesundheit (BMG)	Jens Spahn	CDU
Umwelt, Naturschutz und nukleare Sicherheit (BMU)	Svenja Schulze	SPD
Bildung und Forschung (BMBF)	Anja Karliczek	CDU
Wirtschaftliche Zusammenarbeit und Entwicklung (BMZ)	Gerd Müller	CSU
Bundesminister für besondere Aufgaben Chef des Bundeskanzleramtes	Helge Braun	CDU

4.6.3 Muster-Vorlagen Anschreiben

Jannis Muster

Musterstraße 1, 12345 Musterstadt | 0171 / 123 123 | jannismuster@t-online.de

Hauptzollamt
– Auswahldienst –
Hackethalstraße 7
30179 Hannover

Musterstadt, 12.08.20XX

Bewerbung um einen Ausbildungsplatz als Beamter im mittleren Zolldienst zum XX.XX. 20XX
Ihre Stellenausschreibung auf www.zoll.de

Sehr geehrte Frau Ansprechpartnerin,

nach dem erfolgreichen Bestehen meines erweiterten Sekundarabschlusses I (Durchschnitt: 2,1) möchte ich die Beamtenlaufbahn beim Zoll einschlagen, weil mir diese Tätigkeit die Gelegenheit gibt, gleichzeitig Wirtschafts- und Umweltschutz zu leisten. Mich interessiert besonders die Grenzaufsicht, einschließlich Gepäck- und Frachtkontrollen. Diese verantwortungsvolle Aufgabe zum Schutz von Wirtschaft und Umwelt würde ich später gern selbst übernehmen.

Meine leistungsstärksten Fächer sind Mathematik (Note: 1) und Politik (Note: 1). Außerdem spreche ich fließend Englisch (Note: 2). Das übe ich, wenn ich am Wochenende am PC spiele und mit internationalen Freunden über Teamspeak kommuniziere.

Zu meinen persönlichen Eigenschaften zählen Verantwortungsbereitschaft und Kontaktfreudigkeit. Beides setze ich bei meiner ehrenamtlichen Mitarbeit im Tierschutzverein ein: Zusammen mit einer Mitarbeiterin des Tierheims führe ich vor der Vermittlung eines Haustieres Vorkontrollen und nach einer angemessenen Zeit Nachkontrollen durch. Wir beraten Tierhalter und helfen bei Problemen.

In meiner Freizeit spiele ich Volleyball im Verein. Als gut trainierter junger Mensch bin ich körperlich belastbar, fit und gesund. Auf ein ordentliches Erscheinungsbild lege ich ebenfalls viel Wert.

Gern überzeuge ich Sie bei einem Einstellungstest von mir und meinen Fähigkeiten. Auf diese Gelegenheit freue ich mich.

Mit freundlichen Grüßen aus Musterstadt

Jannis Muster

Tülay Muster

Tülay Muster | tülaymuster@t-online.de | Musterplatz 1, 12345 Musterstadt

Hauptzollamt Nürnberg
Michael Sitzmann
Frankenstraße 208
90461 Nürnberg

Musterstadt, 6. Juni 20XX

Bewerbung um einen Ausbildungsplatz als Zollbeamtin im gehobenen Dienst zum XX.XX.20XX

Sehr geehrter Empfänger,

im Mai 2018 habe ich mich auf der Jobmesse XPOST in Köln gezielt über den spannenden Beruf der Zollbeamtin im gehobenen Dienst informiert. Das ausführliche Gespräch mit Ihrem Kollegen Herrn Zöllner hat mich darin bestätigt, meinen Karrierewunsch weiterzuverfolgen. Das duale Studium spricht mich wegen seiner Mischung aus theoretischen und praktischen Phasen sehr an.

Ich werde im Juni 20XX mein Abitur ablegen. Meine Leistungskurse sind Mathematik und Deutsch. In beiden Fächern erziele ich gute bis sehr gute Ergebnisse. Außerdem habe ich Englisch (Note: 2), Politik (Note: 2) und Geschichte (Note: 3) als Prüfungsfächer gewählt.

Mein dreiwöchiges Praktikum habe ich genutzt, um bei Steuerberatung & Co. in Musterhausen in den Beruf der Steuerfachgehilfin hineinzuschnuppern. Dort habe ich mich erstmals mit Steuergesetzen beschäftigt und festgestellt, dass mir dieser Bereich liegt und Spaß macht.

In meiner Freizeit unterstütze ich meine Eltern, die ein türkisches Restaurant führen: Ich helfe vor allem bei der Büroarbeit mit. Mit MS Office kenne ich mich sehr gut aus. Auch meine Sprachkenntnisse kommen mir dabei zugute: Türkisch und Deutsch sind meine Muttersprachen. Englisch spreche ich fließend (Niveau C1). Ich gelte als verantwortungsbewusst und genau.

In meiner Freizeit spiele ich Badminton und gehe mit Freunden Rollerbladen.

Auf die Einladung zum Einstellungsauswahlverfahren freue ich mich.

Mit freundlichen Grüßen

Tülay Muster

4.6.4 Quellenangaben

Bundesministerium der Finanzen (2016): Der Zoll – Daten und Fakten im Überblick: www.bundesfinanzministerium.de/Content/DE/Pressemitteilungen/Finanzpolitik/2016/04/2016-04-11-zoll-pk-daten-und-fakten-im-ueberblick.pdf?__blob=publicationFile&v=4, abgerufen: 05.05.2018

Der Zoll: www.zoll.de, abgerufen 05.04.2018

Die Bundesregierung: Das Bundeskabinett: www.bundesregierung.de/Content/DE/_Anlagen/Bundeskabinett_PDF.pdf?__blob=publicationFile&v=26, abgerufen: 21.05.2018

Zoll-Auswahlverfahren: www.zoll-einstellungstest.de, abgerufen: 05.05.2018

5 Bewerbung bei der Feuerwehr

Genau wie die Polizei ist auch die Feuerwehr Ländersache. Das heißt, die Feuerwehrausbildung ist nicht einheitlich geregelt: Sie unterscheidet sich von Bundesland zu Bundesland. **Wie das Einstellungsauswahlverfahren gestaltet wird, bestimmen die 107 Berufsfeuerwehren (Stand: 2016) selbst.** Trotzdem sind die Einstellungsbedingungen und das Bewerbungsverfahren relativ ähnlich. Die genauen Einstellungsvoraussetzungen regelt allerdings die Kommune. Darum solltest du unbedingt vor einer Bewerbung mit der Personalabteilung und dem zuständigen Einstellungsberater Kontakt aufnehmen.

Zur Erstellung dieses Kapitels wurden zahlreiche eigene Interviews mit Bewerbern aus verschiedenen Bundesländern geführt, die bereitwillig Auskunft über Testabläufe sowie über ihre Erfahrungen Auskunft gegeben haben. (Herzlichen Dank an dieser Stelle für eure Mithilfe!)

Ein ausgewähltes Interview findest du zur Veranschaulichung in Unterkapitel 5.8.

41.696 Feuerwehren in Deutschland (Stand: 2015):

Die Feuerwehren teilen sich auf in …

- 22.690 Freiwillige Feuerwehren,
- 105 Berufsfeuerwehren,
- Jugendfeuerwehren und
- Werkfeuerwehren.

- Anzahl der Frauen bei der Freiwilligen Feuerwehr: 89.112
- Anzahl der Frauen bei der Berufsfeuerwehr: 359

de.statista.com/themen/4308/feuerwehr-in-deutschland/

5.1 Ausbildungsberufe bei der Feuerwehr

Folgende Ausbildungsmöglichkeiten stehen dir bei der Feuerwehr in der Regel zur Verfügung:

- duale Ausbildung: Werkfeuerwehrmann
- Beamtenausbildung: Beamter – Feuerwehr (mittlerer technischer Dienst)
- Beamtenausbildung: Beamter – Feuerwehr (gehobener technischer Dienst)

5.1.1 Werkfeuerwehrmann

Die Ausbildung zum Werkfeuerwehrmann ist dual aufgebaut. Das bedeutet, du wirst sowohl im Betrieb als auch in der Berufsschule unterrichtet. In der Regel dauert die Ausbildung drei Jahre. Im Anschluss kannst du in Betrieben, in denen ein höheres Gefahrenpotenzial besteht, Aufgaben des Gefahren- und Brandschutzes übernehmen. Deine Einsatzorte sind beispielsweise Kraftwerke, Flughäfen oder Industriebetriebe. Es gehört ebenfalls zu deinen Aufgaben, die Gesundheit der Belegschaft sicherzustellen.

5.1.2 Beamter - Feuerwehr (mittlerer technischer Dienst)

Für die Ausbildung bei der Feuerwehr im mittleren feuerwehrtechnischen Dienst benötigst du ein bis zwei Jahre. Maßgeblich für den Ablauf sind die Verordnungen der Bundesländer. Als Beamter im mittleren Dienst kannst du später bei einer Berufsfeuerwehr oder den Feuerwehren der Bundeswehr unterkommen. Du rettest Menschen aus brennenden Gebäuden und Fahrzeugen, hilfst, Verletzte und Verschüttete zu bergen, löschst Brände und beseitigst giftige Chemikalien.

Dienstgrade und Besoldung:

- Brandmeister (Besoldung: A 7)
- Oberbrandmeister (Besoldung: A 8)
- Hauptbrandmeister (Besoldung: A 9)
- Wachabteilungsleiter (Besoldung: A 9 mit Zulage)

5.1.3 Beamter – Feuerwehr (gehobener technischer Dienst)

Die Ausbildung im gehobenen feuerwehrtechnischen Dienst dauert zwischen eineinhalb und drei Jahren und ist ebenfalls durch Verordnungen der Bundesländer geregelt. Als Beamter im gehobenen Dienst strebst du eine Führungsposition bei der Feuerwehr an.

Dienstgrade und Besoldung:

- Brandinspektor (Besoldung: A 9)
- Brandoberinspektor (Besoldung: A 10)
- Brandamtmann (Besoldung: A 11)
- Brandamtsrat (Besoldung: A 12)
- Brandoberamtsrat (Besoldung: A 13)

5.1.4 Beamter – Feuerwehr (höherer feuerwehrtechnischer Dienst)

Diese Stellen sind selten und überaus begehrt. Wer sich dafür interessiert, sollte sich direkt beim Deutschen Städtetag in Köln bewerben:
Deutscher Städtetag
Gereonstr. 18 – 32
50670 Köln
www.staedtetag.de/wirueberuns/stellenangebote/

Dienstgrade und Besoldung:

- Brandrat (Besoldung: A 13)
- Oberbrandrat / Brandoberrat (Besoldung: A 14)
- Branddirektor (Besoldung: A 15)
- Leitender Branddirektor (Besoldung: A 16)
- Direktor der Feuerwehr / Landesbranddirektor / Oberbranddirektor / Direktor der Branddirektion (höchste Ämter der Feuerwehren; Besoldung: gemäß Besoldungstabelle B)

5.2 Voraussetzungen für die Feuerwehr-Ausbildung

Einige Grundvoraussetzungen musst du erfüllen, egal, wo du dich bei der Feuerwehr bewirbst. Je nach Bundesland können weitere Zugangsvoraussetzungen dazu kommen. Darunter fallen beispielswiese der Nachweis der gesundheitlichen Eignung für den feuerwehrtechnischen Dienst (Atemschutztauglichkeit).

5.2.1 Allgemeine Voraussetzungen

- **Herkunft**: deutsche Staatsangehörigkeit oder die Staatsangehörigkeit eines EU-Mitgliedstaates
- **Demokratisches Grundverständnis:** Eintreten für die freiheitlich-demokratische Grundordnung im Sinne des Grundgesetzes
- **Körperliche und gesundheitliche Eignung:** uneingeschränkte Feuerwehrdiensttauglichkeit (Feststellung durch Untersuchung beim Polizeiärztlichen Dienst)
- **Sport:** Deutsches Schwimmabzeichen Silber (nicht älter als zwei Jahre)
- **Fahrerlaubnis:** Klasse B, Bereitschaft zum Erwerb der Fahrerlaubnis der Klasse C
- **Einstellungstest:** Du überzeugst im Einstellungsverfahren mit schriftlichen, sportlichen und mündlichen Leistungen.

Charakterliche und persönliche Anforderungen:

- Teamfähigkeit
- hohes Maß an Leistungsbereitschaft
- Verantwortungsbereitschaft
- Sportlichkeit und Fitness
- Gesundheit: Deine Sehschärfe muss mindestens 50 % auf jedem Auge betragen (ohne Sehhilfe). Außerdem muss dein BMI zwischen 18 und 27,7 kg/m^2 liegen.
- keine gerichtlichen Vorstrafen
- Bereitschaft zu Auslandseinsätzen

5.2.2 Voraussetzungen nach Ausbildung

- **Werkfeuerwehrmann:** Um eine duale Ausbildung zum Werkfeuerwehrmann zu absolvieren, ist kein bestimmter Schulabschluss notwendig. In der Praxis zeigt sich allerdings, dass die meisten Auszubildenden einen Realschulabschluss, Fachabitur oder Abitur besitzen.
- **Beamtenausbildung im mittleren Dienst:** Für diese Laufbahn brauchst du einen Hauptschulabschluss mit einer abgeschlossenen Berufsausbildung in einer ähnlichen Fachrichtung (zwei- oder dreijährig) oder einen Realschulabschluss (Mittlere Reife) ohne Berufsausbildung. Das Mindestalter beträgt 16,5 Jahre, das Höchstalter 35 Jahre.
- **Beamtenausbildung im gehobenen Dienst:** Hier solltest du ein Studium in einem technischen, naturwissenschaftlichen oder einem sonstigen für den feuerwehrtechnischen Dienst geeigneten Studienfach (Ingenieurswissenschaften, Physik, Chemie) vorweisen können. Außerdem darfst du nicht älter sein als 35 Jahre. Anerkannt werden:
    - Abschluss eines Fachhochschulstudiums in einer geeigneten Fachrichtung mit Diplomprüfung
    - Bachelorabschluss nach dreijährigem Bachelorstudium an einer Universität oder Fachhochschule
    - Diplomabschluss an einer Universität in einer geeigneten Fachrichtung
    - Masterabschluss in einer geeigneten Fachrichtung
    - Diplomabschluss an einer Fachhochschule oder Universität, einen Bachelorabschluss in einem mindestens dreijährigen Bachelorstudiengang oder einen Masterabschluss in einer sonstigen Fachrichtung, wenn du eine Zusatzqualifikation vorweisen kannst. (Wende dich an die Personalbeauftragten der jeweiligen Feuerwehr.)
- **Beamtenausbildung im gehobenen Dienst:** Es ist möglich, direkt in den gehobenen Dienst einzusteigen. Voraussetzung dafür ist, dass du nicht älter als 39 Jahre bist und das deutsche Sportabzeichen in Silber besitzt. Nötig ist dafür ebenfalls ein abgeschlossenes Studium in einer für die Verwendung geeigneten Fachrichtung

  - an einer Universität mit Hochschulprüfung (Diplom-Hauptprüfung, Master) oder einer ersten Staatsprüfung, sowie ein
  - Studium an einer Fachhochschule mit Masterabschluss in einem Studiengang, der für den höheren Dienst als geeignet eingestuft wurde.

5.3 Bewerbungsunterlagen

Die erforderlichen Bewerbungsunterlagen können sich von einer Feuerwehr zur anderen unterscheiden. Informiere dich unbedingt bei deiner Wunschfeuerwehr, welche Unterlagen du einreichen musst. Unvollständige Bewerbungen werden in der Regel nicht berücksichtigt. Falls du dich auf dem Postweg bewirbst, gib unbedingt eine E-Mail-Adresse an.

Bewerbung bei der Feuerwehr Hamburg

- Bewerbungsbogen
- individuelles Bewerbungsanschreiben
- Lebenslauf in tabellarischer Form
- Kopien der letzten beiden Schulzeugnisse bzw. des Schulabschlusszeugnisses
- Schwimmnachweis (mindestens Silber, darf nicht älter als zwei Jahre sein)
- Führerschein Klasse B (gilt für die Fachrichtung Feuerwehr)
- ggf. Abschluss- bzw. Arbeitszeugnisse einer vorherigen Berufsausbildung
- ggf. Diplom, Master- oder Bachelorabschlusszeugnis
- ggf. Praktikums-, Wehr- oder Zivildienstbescheinigung

Hinweis: Im Fall einer Einstellung musst du ein polizeiliches Führungszeugnis vorlegen.

Die Unterlagen kannst du im PDF-Format per E-Mail schicken an:
personalauswahlzentrum@feuerwehr.hamburg.de

Alternativ kannst du deine Unterlagen auch per Post zuschicken:

Feuerwehr Hamburg
Personalauswahlzentrum
Westphalensweg 1
20099 Hamburg.

www.hamburg.de/ausbildung-feuerwehr/3315608/bewerbung-ausbildung-feuerwehr/

5.4 Bewerbungsverfahren

Unvollständige Bewerbungsunterlagen werden in der Regel nicht berücksichtigt. Daher solltest du sichergehen, dass du an sämtliche Formulare gedacht hast. Nach Eingang der Bewerbung werden deine Unterlagen geprüft. Stimmen alle Voraussetzungen, wirst du zum Feuerwehr-Eignungstest eingeladen.

5.5 Einstellungstest

In der Regel besteht der Einstellungstest bei der Feuerwehr aus vier Komponenten:

- schriftlicher Test
- Sporttest
- Vorstellungsgespräch (teilweise mit Assessment Center)
- amtsärztliche Untersuchung

5.5.1 Schriftlicher Test

Innerhalb des schriftlichen Tests musst du Mathematikaufgaben lösen, deine Deutschkenntnisse und dein logisches Denkvermögen unter Beweis stellen.

- Matheaufgaben (Dreisatz, Bruch- und Prozentrechnen, Flächen- und Volumenberechnung)
- Rechtschreibkenntnisse (Diktat, Fehlerberichtigung, Aufsatz)
- Aufgaben zum technischen Verständnis (praktische Intelligenz)
- handwerkliches Verständnis (handwerkliches Geschick)
- physikalisches Verständnis
- logisches Denken
- räumliches Denken
- Konzentrationsfähigkeit
- Stressresistenz und Belastbarkeit
- Allgemeinwissen

Tipps zur Vorbereitung auf den Einstellungstest bei der Feuerwehr

Für den schriftlichen Test:

- Wiederhole die Rechtschreibregeln (Groß- und Kleinschreibung, Zusammen- und Getrenntschreibung, Zeichensetzung).
- Erweitere deinen Wortschatz und deine Allgemeinbildung: Die Nachrichten solltest du täglich verfolgen (Fernsehen, Tageszeitung, Internet).
- Wiederhole den Schulstoff in Physik (bis zur 10. Klasse).
- Übe die Grundrechenarten, Bruchrechnung, Prozentrechnung, Zinsrechnung, Dreisatz und Geometrie.
- Wir empfehlen dir zur Vorbereitung unser Buch „Einstellungstest Öffentlicher Dienst | Eignungstest im Auswahlverfahren erfolgreich bestehen | 800 Aufgaben und Fragen mit Lösungen: Allgemeinwissen, Sprache, Logik, Konzentration“, ISBN: 978-1983298325.

5.5.2 Sporttest

Der Sporttest ist anspruchsvoll. Getestet werden deine Ausdauer und Kraft, dein Reaktionsvermögen, deine Schnelligkeit und deine Koordinationsfähigkeit.

Mögliche Disziplinen sind:

- Sprint und Ausdauerlauf
- Kraftübungen (zum Beispiel: Kugelstoßen, Liegestütze, Handkraft)
- Sprungkraft (zum Beispiel Weitsprung, Fünfersprung und Wechselsprünge)
- Gleichgewichtsübung (zum Beispiel Schwebebalken)
- Fitness-Zirkel (Kasten-Bumerang-Test)
- praktische Übungen (zum Beispiel Rettungsübungen und Drehleitersteigen)

5.5.3 Vorstellungsgespräch

In der Regel findet das Vorstellungsgespräch vor einer Auswahlkommission von städtischen Mitarbeitern statt. Dazu können beispielsweise die Gleichstellungsbeauftragte, der Schwerbehindertenvertreter, der Personalreferent sowie Mitarbeiter oder der Leiter der Feuerwehr gehören. Auf die Fragen, die dich im Vorstellungsgespräch bei der Feuerwehr erwarten, gehe ich in einem separaten Kapitel genauer ein.

5.5.4 Amtsärztliche Untersuchung

Die G-26-Untersuchung ist der letzte Schritt vor deiner Verbeamtung. Ungefähr eineinhalb Stunden solltest du dafür einplanen.

Folgende Komponenten gehören dazu:

- Belastungs-EKG: Deine Leistungsfähigkeit wird bei einer Herzfrequenz von 170 Schlägen pro Minute auf dem Fahrradergometer geprüft.
- Sehtest
- Hörtest
- Lungenfunktionstest
- Blutprobe
- Urinprobe
- Röntgenaufnahme (Skelett, Lunge)

Atemschutzuntersuchung G 26

Diese Atemschutzuntersuchung wird in drei Kategorien eingeteilt:

- G 26.1 – Gerätegewicht bis 3 kg, Atemwiderstand bis 5 mbar
- G 26.2 – Gerätegewicht bis 5 kg, Atemwiderstand über 5 mbar
- G 26.3 – Gerätegewicht über 5 kg, Atemwiderstand über 5 mbar

Zur Aufnahme in den Beamtenstatus durchläufst du die G-26.3-Untersuchung. Deine Feuerwehrtauglichkeit wird auch danach regelmäßig überprüft.

Quelle: www.einstellungstest-feuerwehr.de/berufsfeuerwehr/feuerwehr-test/aerztliche-g26-untersuchung/

5.6 Einstellungstest bei der Feuerwehr in Hamburg

Jedes Jahr ermöglicht die Feuerwehr Hamburg rund 210 Bewerbern eine Ausbildung:

- 110 Ausbildungsplätze sind für die Ausbildung WORK-UP (Brandmeister-Anwärter),
- 50 Ausbildungsstellen sind für den Zugangsweg NOTSAN (Notfallsanitäter) und
- 30 Plätze für die Ausbildung START-UP (Berufsfeuerwehrfrau/-mann) reserviert.

Das Testverfahren erstreckt sich über vier Tage. Du musst jeden Abschnitt bestehen, um weiterzukommen. Falls du eine weite Anreise vor dir hast, kannst du günstig übernachten: Das Auswahlverfahren findet im Gebäude der Hauptfeuerwache „Berliner Tor“ statt. In der Begegnungsstätte „Roter Hahn“ stehen sechs Gästezimmer zur Verfügung. Dort kannst du preiswert ein Zimmer reservieren. Informiere dich unter: www.roterhahn-feuerwehrhamburg.de. Sämtliche Kosten für die Übernachtung, Anreise, eventuelle Gutachten oder Verdienstausfälle musst du selbst tragen.

5.6.1 Testinhalte nach Ausbildung bei der Feuerwehr Hamburg

Brandmeister	Notfallsanitäter	Brandoberinspektor	Brandreferendare
Allgemeinwissen Rechtschreibung Zeichensetzung Mathematik Merkfähigkeit Naturwissenschaften Ausdruck und technisches Verständnis Konzentrationsfähigkeit Logiktest Höhentauglichkeitstest	Allgemeinwissen Rechtschreibung Zeichensetzung Mathematik Merkfähigkeit Naturwissenschaften Konzentrationsfähigkeit Logiktest	intellektuelle Fähigkeiten sprachliche Fähigkeiten Führungskompetenz	Assessment Center

Quelle: www.hamburg.de/feuerwehr/ausbildung-feuerwehr/3243934/einstellungstest-feuerwehr/

5.6.2 Schriftlicher Test

Rechtschreibung: Im Bereich „Rechtschreibung" müssen die Bewerber ein Lückendiktat bestehen. Der Text wird entweder vorgelesen oder vom Tonband abgespielt. Du musst nicht den kompletten Satz, sondern nur ein bestimmtes Wort aus dem Satzzusammenhang mitschreiben. Beispiel: „Die Ureinwohner Australiens werden Aborigines genannt." Hier musst du nur das Wort „Ureinwohner" eintragen. Teilweise musst du überlegen, ob Wörter groß- oder kleingeschrieben werden.

	Um dein Wissen in Bezug auf Zeichensetzung zu testen, erhältst du einen Text. An gekennzeichneten Stellen entscheidest du, ob ein Komma gesetzt werden muss oder nicht.
Mathematik:	Für die Rechenaufgaben bekommst du 15 Minuten Zeit. Du darfst keinen Taschenrechner verwenden. Nebenrechnungen sind selbstverständlich erlaubt. Die Aufgaben stammen aus dem Bereich Grundrechenarten, Bruchrechnung, Prozentrechnung, Dreisatz und Geometrie.
Technisches Verständnis:	Du bekommst eine Zeichnung mit einem technischen Vorgang. Anschließend hast du 15 Minuten Zeit, diesen in einem Aufsatz zusammenzufassen.
IDE-Test:	Die Abkürzung IDE steht für „induktives Denken“: Deine Aufgabe besteht darin, Symbole und Zahlen zu vervollständigen.
PL-Test:	Bei diesem Orientierungstest beziehungsweise Stadtplantest wird dir ein schematischer Stadtplan vorgelegt. Du musst logische Verbindungen herstellen können und bestimmte Wege finden.
MTP-Test:	Mathematisch-technisch-physikalischer Test. Du erhältst technisch-physikalische Abbildungen, zu denen du Fragen beantworten musst.
Höhentauglichkeit:	Du besteigst eine ausgefahrene Drehleiter und kletterst 20 Meter in die Höhe.

5.6.3 Physischer Eignungstest / Sporttest

In Hamburg wird der Sporttest überwiegend in der Sporthalle durchgeführt. Ohne intensives Training ist es kaum möglich, diesen Test zu bestehen. Bereite dich darauf unbedingt gezielt vor. Auf der Website der Hamburger Feuerwehr kannst du dir das Trainingsbuch der Sporthochschule Köln herunterladen. Seit 2017 besteht der physische Eignungstest aus diesen Komponenten:

- **3000-Meter-Lauf:** Dafür darfst du maximal 15 Minuten brauchen. Der Test wird in der Sporthalle absolviert.
- **Liegestütze:** Im Vier-Sekunden-Takt machst du gleichmäßige Liegestütze. Vermeide ein Hohlkreuz. Minderjährige müssen zehn, volljährige Bewerber zwölf gültige Wiederholungen bewerkstelligen.
- **Wechselsprünge:** Innerhalb von 30 Sekunden musst du 42 Mal mit beiden Beinen gleichmäßig über eine Stange oder Leine in Höhe von 33 cm springen.
- **Beugehang:** Du stehst auf einer Kiste und greifst schulterbreit im Kammgriff eine Klimmzugstange. Anschließend beugst du die Arme und verharrst mit gebeugten Armen, so, dass dein Kinn oberhalb der Klimmzugstange bleibt. Anschließend wird die Kletterhilfe entfernt. Echte Klimmzüge musst du nicht machen, nur deine Position halten: Minderjährige 30 Sekunden, alle anderen Bewerber 45 Sekunden.
- **Seitlicher Medizinballwurf:** Bei dieser Übung wirfst du beidhändig einen vier Kilogramm schweren Medizinball mit einer seitlichen Wurfbewegung nach vorn. Die Mindestweite beträgt siebeneinhalb Meter. Minderjährige Bewerber erhalten einen drei Kilogramm schweren Medizinball.
- **Closed Kinetic Chain Upper Extremity Test (CKCUE-Test):** Du nimmst Liegestützhaltung mit gestreckten Armen ein. Dann greifst du aus dem Stütz abwechselnd mit einer Hand aus einer 90 cm breiten Markierungszone wechselseitig über. Innerhalb von 15 Sekunden musst du das 23 Mal schaffen. Bei noch nicht volljährigen Bewerbern reichen 20 gültige Übergriffe.

- **Kasten-Bumerang-Test:** Bei diesem Testbaustein durchläufst du einen Parcours aus drei Kastenteilen. Gestartet wird mit einer Rolle auf einer Matte. Anschließend umrundest du rechts eine Pylone, springst über den ersten Kastenteil und kriechst anschließend in Richtung der Pylone durch ihn hindurch. Danach geht es wieder rechts um das Hütchen zum zweiten Kastenteil. Du überspringst ihn, kriechst hindurch, umrundest wieder rechts die Pylone und springst über Kasten Nummer Drei. Nachdem du durch den letzten Kasten gekrochen bist, läuft du zur Matte zurück. Für diesen Lauf hast du höchstens 19 Sekunden Zeit.
- **Personenrettung:** Bei dieser Übung ziehst du einen 75 Kilogramm schweren Dummy rückwärts. Du greifst den Dummy so, dass der Oberkörper des Dummys keinen Bodenkontakt hat, seine Beine aber vollständig aufliegen. Dir muss es gelingen, mit dem Dummy eine Strecke von 66 Metern in 60 Sekunden zurückzulegen. Dabei musst du zwei Pylonen umrunden. Als minderjähriger Bewerber bekommst du einen 56 Kilogramm schweren Dummy. Du darfst die Zeit „moderat" überschreiten.
- **Höhentauglichkeitstest:** In kompletter Feuerwehrmontur musst du 20 Meter auf der Drehleiter in die Höhe klettern. Dabei darfst du nicht schlappmachen oder zögern.

5.6.4 Vorstellungsgespräch

Beim Vorstellungsgespräch geht es darum, dich als Bewerber kennen zu lernen. Erwarten kannst du Fragen zu deiner Motivation und Berufswahl, deinen Stärken und Schwächen. Wichtiger als das, was du antwortest, ist allerdings, ob du glaubwürdig dabei bist. Hast du dich eingehend mit dem Beruf beschäftigt? Sind dir die Risiken bewusst? Kannst du es ertragen, schwer verletzte Menschen zu sehen? Bist du fähig, im Notfall schnell Entscheidungen zu treffen? Hast du eine gute Auffassungsgabe? Kurz gesagt: Die Prüfer wollen herausfinden, ob du im Alltag bestehen kannst.

Tipp:

Arbeite an deinem Auftreten. Du solltest Souveränität, Kompetenz und Reife ausstrahlen. Dazu gehört eine aufrechte Körperhaltung. Ein lebendiger, wacher Gesichtsausdruck signalisiert, dass du aufmerksam zuhörst.

Dresscode

Am besten trägst du eine Stoffhose und ein Hemd beziehungsweise eine Bluse sowie feste Schuhe. Alternativ kannst du einen Anzug (mit oder ohne Krawatte) oder ein Kostüm in gedeckten Farben wählen. Gut geeignet sind anthrazit, dunkelblau oder grau. Hemd oder Bluse können dazu einen farbigen Kontrast setzen. Vermeide zu knallige Farben. Die Kleidung sollte sauber sein und gut sitzen.

Bei Make-up und Schmuck gilt: nicht übertreiben. Als zukünftiger Beamter repräsentierst du den Staat. Dementsprechend hast du eine Vorbildfunktion. Erscheine lieber etwas overdressed als underdressed.

Körperliche Tauglichkeitsuntersuchung

Wenn du alle Tests bestanden hast, wirst du zum Personalärztlichen Dienst der Freien und Hansestadt Hamburg bestellt. Dort wird deine Feuerwehrdiensttauglichkeit geprüft (G-26-Untersuchung).

5.7 Die häufigsten Fragen im Vorstellungsgespräch

Der Einstellungstest bei der Feuerwehr ist hart. Nur die besten Bewerber werden genommen. Beim Vorstellungsgespräch kommt es auf dein gesamtes Auftreten und deine Vorbereitung an. Die Prüfer wollen auch sehen, wie du unter Stress reagierst. Daher solltest du diesen Termin wirklich gut vorbereiten.

5.7.1 Fragen zum Feuerwehrberuf

Häufige Fragen

1. „Wie stellen Sie sich den Alltag bei der Feuerwehr vor?“
2. „Was sind für Sie Vor- und Nachteile des Berufs?“
3. „Welche Eigenschaften sollte ein guter Feuerwehrmann mitbringen?“
4. „Wie sieht die Wochenarbeitszeit bei uns aus?“
5. „Aus welchen Komponenten besteht die Einsatzkleidung?“

Gute Antworten

1. „Ich denke, dass überwiegend kleinere Brände und Einsätze den Alltag bestimmen. Die Feuerwehr wird gerufen, um Ölspuren auf den Straßen umweltgerecht zu beseitigen. Wenn andere Gefahrstoffe wie Kühlmittel austreten, kann Explosionsgefahr bestehen. Auch in solchen Fällen greift die Feuerwehr ein. Oft brauchen ältere oder verwirrte Menschen Hilfe. Beispielsweise kommt es vor, dass Senioren in ihrer Wohnung stürzen und dann hilflos auf dem Boden liegen. Dann verschafft sich die Feuerwehr Zutritt und leistet Hilfe. Es kommt natürlich auch darauf an, wo sich die Wache befindet. Schwere Verkehrsunfälle, bei denen Menschen aus dem Auto befreit werden müssen, oder verheerende Großbrände werden vermutlich nicht so oft vorkommen. In Hamburg ist eher damit zu rechnen, dass Wasser abgepumpt werden muss, wenn es zu starken Überschwemmungen gekommen ist. Mit Hilfe von Sandsäcken kann teilweise das Hab und Gut der Anwohner gerettet werden. Wenn es keine Einsätze gibt, müssen die Geräte und Fahrzeuge geprüft und gewartet werden. Außerdem gibt es Dienstsport und regelmäßige Weiterbildungen.“

2. „Es ist ein anspruchsvoller Beruf, der psychisch und physisch viel von einem fordert. Das ist zugleich positiv und negativ, denke ich. Einerseits kann man als Feuerwehrmann Menschen helfen, sie aus Gefahrensituationen retten und sie, ihre Familie und ihr Eigentum schützen. Andererseits durchleben Feuerwehrleute oft Extrem-situationen. Bei einem Bahn-Suizid müssen sie die sterblichen Überreste bergen, Menschen aus Bränden retten oder aus Autos befreien. Man ist mit Leid, Sterben und Tod konfrontiert. Körperlich und seelisch verlangt einem das alles ab, denn man sollte zugleich mitfühlend sein, aber eben auch einen klaren Kopf behalten."
3. „Ein Feuerwehrmann muss in der Lage sein, Entscheidungen zu treffen. Er braucht körperliche Kraft, Ausdauer und Geschicklichkeit. Gleichzeitig sollte er psychisch sehr stabil und flexibel sein. Niemand weiß vorher, was während der Schicht passieren wird."
4. „Seit März 2013 gibt es bei der Feuerwehr Hamburg ein 24-Stunden-Dienstplanmodell mit drei Wachabteilungen, die im Schichtdienst arbeiten. Durchschnittlich beträgt die Wochenarbeitszeit 48 Stunden."
5. „Normalerweise besteht die Einsatzkleidung aus einem Helm, Handschuhen, Diensthose, einer Brandschutz-Hose und einer Jacke. Bei einem Brandeinsatz können ein Sicherheitsgurt, ein Atemschutzgerät, ein Schlauchtragekorb, Lampe, Funkgerät sowie eine Axt dazukommen. Insgesamt macht das ein Gewicht von rund 30 Kilogramm aus."

Erklärung und Bewertung:

Zu Antwort 1: Das ist eine reflektierte und ausführliche Antwort. Der Bewerber zeigt, dass er über unterschiedliche Einsatzbereiche der Feuerwehr Bescheid weiß. Er rechnet nicht damit, dass er ausschließlich Brände bekämpfen wird. Auch, was abgesehen von Einsätzen auf der Wache passiert, ist ihm ein Stück weit bewusst.

2017 gab es in Hamburg 11.178 Einsätze zur Brandbekämpfung. Mehr als doppelt so oft (23.535 Mal) rückte die Feuerwehr aus, um Hilfe zu leisten. Der Rettungsdienst war 253.686 Mal im Einsatzsatz.[6]

Zu Antwort 2: Woran dieser Bewerber nicht denkt, sind persönliche Vor- und Nachteile. Als Beamter hat er einerseits hohe Planungssicherheit und ein gutes, sicheres Gehalt. Andererseits ist er lange von seiner Familie getrennt und übt einen überaus gefährlichen Job aus. In einer Partnerschaft kann das zu einer Belastung werden.

Zu Antwort 3: Als nächste könnte die Frage folgen, ob der Bewerber selbst denn über genau diese Eigenschaften verfügt – und woran sich das erkennen lässt. Weitere wichtige Eigenschaften:

- **Belastbarkeit:** Sowohl seelisch als auch körperlich musst du über Stärke, Durchhaltevermögen und Resilienz verfügen.
- **Kommunikationsstärke:** Du musst dich gut verständlich und klar ausdrücken können. Missverständnisse sollten in gefährlichen Situationen vermieden werden.
- **Teamfähigkeit:** Du arbeitest rund um die Uhr eng mit Kollegen zusammen.
- **Vorbildfunktion:** Als Beamter stehst du in der Öffentlichkeit. Ein Großteil der Bevölkerung schaut zu dir auf.
- **Toleranz:** Du rettest Menschen jeden Alters, Geschlechts, jeder Nationalität, Hautfarbe und Religion.

---

[6] Jahresbericht der Feuerwehr Hamburg (2017): www.hamburg.de/contentblob/11061206/89c7b5f1c76e9f83c3ec0b804679914b/data/jahresbericht-2017.pdf, abgerufen 12.04.2018

Zu Antwort 4: Sachlich vollkommen korrekt. Der Dienst bei der Hamburger Feuerwehr beginnt und endet um 7:00 Uhr morgens.

Zu Antwort 5: Ebenfalls sachlich korrekt. Hier wird deutlich, wie wichtig körperliche Fitness ist. Denn in voller Montur klettert, springt und duckt es sich nicht so einfach wie in Sportkleidung in der Turnhalle.

Struktur der Feuerwehr Hamburg

- Zahl der Feuerwachen: 21
- Zahl der Rettungswachen Berufsfeuerwehr: 34
- Technik- und Umweltschutzwache: 1
- Zahl der Feuerwehrhäuser Freiwillige Feuerwehr: 86
- Feuerwehrtechnischer Dienst der Berufsfeuerwehr: 2.751, davon 87 weiblich
- Ehrenamtliche Angehörige der Freiwilligen Feuerwehr: 2.630, davon 206 weiblich

Quelle: www.hamburg.de/contentblob/11061206/89c7b5f1c76e9f83c3ec0b804679914b/data/jahresbericht-2017.pdf, S. 4

5.7.2 Fragen zur Berufsmotivation

Häufige Fragen

1. „Wieso haben Sie sich bei uns beworben?“
2. „Was finden Sie an dem Beruf des Brandmeisters reizvoll?“
3. „Wie sieht Ihr ‚Plan B‘ aus, falls Sie bei uns keine Zusage erhalten?“
4. „Warum wollen Sie Ihre jetzige Tätigkeit aufgeben?“
5. „Haben Sie sich noch woanders beworben?“

Gute Antworten

1. „Ich bin in Hannover geboren und aufgewachsen und fühle mich mit der Stadt eng verbunden. Es ist mein Wunsch, hier als Feuerwehrmann tätig zu sein, weil ich jeden Winkel

kenne und den Menschen etwas zurückgeben möchte. Außerdem habe ich auf der Feuer- und Rettungswache 1 am Weidendamm mein Praktikum gemacht und mich sofort im Team aufgenommen gefühlt. Durch die Erfahrungen und Einblicke, die ich in dieser Zeit gewonnen habe, hat sich mein Berufswunsch verfestigt."

2. „Die Vielseitigkeit des Arbeitsumfeldes spricht mich sehr an: Mir gefällt, dass ich als Brandmeister sowohl bei Löscheinsätzen als auch bei Rettungseinsätzen aktiv dabei bin. Diese Tätigkeit wird garantiert nie eintönig oder langweilig werden. Außerdem wünsche ich mir einen Beruf, in dem ich mich mit all meinen Fähigkeiten einbringen kann, körperlich, geistig und menschlich. Ich spreche mehrere Sprachen, unter anderem Deutsch, Türkisch, Arabisch und Englisch. Diese Kenntnisse könnte ich als Brandmeister sicher gut einsetzen."
3. „Falls ich es dieses Mal nicht schaffe, Sie von mir und meinen Fähigkeiten zu überzeugen, würde ich mich nächstes Jahr noch einmal um eine Ausbildung als Brandmeister bewerben und es ein zweites Mal versuchen. Bis dahin würde ich in meinem jetzigen Job als Gesundheits- und Krankenpfleger weiterarbeiten."
4. „Ich merke, dass mich mein jetziger Job als Bankkaufmann nicht ausfüllt. Ich verbringe seit fünf Jahren beinahe meine gesamte Freizeit mit meiner ehrenamtlichen Tätigkeit beim Deutschen Roten Kreuz. Ich wünsche mir einen Beruf, indem ich eine gesellschaftlich verantwortungsvolle Aufgabe übernehmen und Menschen in Not helfen kann. Außerdem vermisse ich die körperliche Tätigkeit. Ich liebe es, mich richtig zu verausgaben und an meine Leistungsgrenzen zu gehen. Dann kann ich wirklich zeigen, was ich leisten kann."
5. „Ja, ich habe mich bundesweit bei zwölf Berufsfeuerwehren beworben. Ich wollte meine Chancen erhöhen. Falls ich tatsächlich mehrere Zusagen bekommen sollte, wäre die Stelle in Hamburg für mich die erste Wahl."

Erklärung und Bewertung

Zu Antwort 1: Der Bewerber findet eine sehr persönliche Begründung für seine Bewerbung auf dieser speziellen Wache. Das macht ihn sympathisch. Mit dem Hinweis auf sein Praktikum kann er ebenfalls punkten.

Zu Antwort 2: Hier fällt positiv auf, dass der Bewerber nicht nur seine kognitiven und körperlichen Qualitäten anspricht, sondern auch die menschliche Seite des Berufes betont. Bei der Feuerwehr hast du permanent mit Menschen aller Nationalitäten in Notsituationen zu tun. Einfühlungsvermögen und Kommunikationsgeschick sind wichtige Eigenschaften. Sprachkenntnisse sind auf jeden Fall von Vorteil.

Zu Antwort 3: Der Bewerber verdeutlicht, dass er sich mehrfach beworben hat und es im Falle einer Ablehnung noch einmal versuchen würde. Das verrät Zielstrebigkeit und Ehrgeiz. Er lässt sich nicht so schnell entmutigen.

Zu Antwort 4: Wer bei der Feuerwehr arbeitet, geht an seine Grenzen – körperlich und geistig. Dieser Bewerber hat zwar einen sicheren Job gewählt, der ihm ein stabiles Einkommen sicher. Aber er vermisst die Möglichkeit, seinen Körper einzusetzen und gesellschaftlich relevante Aufgaben zu übernehmen. Sein langjähriges Engagement beim DRK zeigt, wie ernst es ihm ist.

Zu Antwort 5: Diese Antwort zeigt den Realitätssinn des Bewerbers. Es wäre ziemlich naiv, nur auf eine einzige Bewerbung zu vertrauen. Durch die Mehrfachbewerbung verbessert er seine Chancen auf jeden Fall.

5.7.3 Fragen zur eigenen Person

Häufige Fragen

1. „Was sind Sie für ein Mensch?“

2. „Was ist Ihre beste und was Ihre schlechteste Eigenschaft?"
3. „Warum wollen Sie unbedingt zur Feuerwehr?"

Gute Antworten

1. „Ich bin ein Teamplayer, der gern mit anderen Menschen zusammenarbeitet. Dabei ist mir wichtig, dass alle als Gruppe, als Einheit zusammenarbeiten und zusammenhalten. Von der Einstellung „**T**oll, **E**in **A**nderer **M**acht's!" halte ich gar nichts. Im Team sollte meiner Ansicht nach jeder Leistung bringen und Verantwortung übernehmen. Dann kann man zusammen wirklich Großes erreichen. Wichtig ist, dass man sich aufeinander verlassen kann, wenn es wirklich drauf ankommt. In der Schule habe ich immer dafür gesorgt, dass sich bei Gruppenarbeit jeder mit einbringt."
2. „Meine beste Eigenschaft ist, dass ich Situationen schnell erfasse und sofort Entscheidungen treffen kann. In Stresssituationen merke ich das immer wieder. Ich bin zwar eigentlich ausgebildeter Maler und Lackierer. Aber am Wochenende arbeite ich zusätzlich bei meinen Eltern auf dem Wochenmarkt mit. Sie betreiben einen Gemüsestand. Gegenüber steht jeden Samstag der Metzger. Einmal habe ich erlebt, dass sich die Verkäuferin in der Hektik einen Finger abgehackt hat. Die Kunden waren wie erstarrt. Sie stand völlig neben sich und rief, dass es überhaupt nicht weh tue. Ich bin sofort zu ihrem Wagen gerannt, habe den Finger auf Eis gelegt, mich um die Frau gekümmert und einen Notruf abgesetzt. Meine schlechteste Eigenschaft ist, dass ich sehr direkt bin. Damit kann nicht jeder umgehen. Dadurch habe ich sogar einen guten Freund verloren. Seitdem versuche ich, mich diplomatischer auszudrücken."
3. „Die meisten kleinen Jungs wollen Polizist, Pilot oder Feuerwehrmann werden. Bei mir war es von Anfang an Feuerwehrmann. Mir gefällt, dass es so eine körperbetonte Arbeit ist, bei der ich mich richtig auspowern kann. Außerdem habe ich das Bedürfnis, Menschen bei Problemen oder in Not zu helfen. Als Feuerwehrmann kann ich umfassend eingreifen: Brände löschen ist ja nicht alles. Ich kann bei Katastrophen unterstützen, bei Verkehrsunfällen Menschen befreien, Ver-

misste aufspüren oder mich um die Beseitigung von Chemikalien kümmern. Das passt auch wieder gut zu meinen Schulkenntnissen: Meine Lieblingsfächer sind Chemie, Physik und Biologie."

Erklärung und Bewertung

Zu Antwort 1: Teamarbeit ist ein Grundpfeiler der Feuerwehrarbeit. Die kleinste Einheit, der sogenannte Trupp, besteht aus zwei Feuerwehrmännern. Diese Konstellation findet sich beispielsweise im Notarztwagen, im Rettungswagen, auf dem Tanklöschfahrzeug, der Drehleiter sowie dem Kleineinsatzfahrzeug. Man muss sich aufeinander verlassen können. So werden Aufgaben schneller erledigt. Es passieren weniger Fehler und, wenn nötig, ist immer ein Augenzeuge verfügbar. Dementsprechend tun Bewerber gut darin, ihre Teamfähigkeit herauszustellen – und zu beweisen. Das kann entweder durch anschauliche Beispiele geschehen oder sogar während des Einstellungstests.

Zu Antwort 2: Der Bewerber belegt seine positiven Eigenschaften anschaulich und glaubwürdig. Als negative Eigenschaft nennt er „Direktheit". Auch das erscheint glaubhaft und wirkt nicht wie eine „Schein-Schwäche": Er berichtet, dass er schon einmal einen Freund emotional so verletzt hat, dass der sogar den Kontakt abgebrochen hat. Bei der Teamarbeit müssen andere Feuerwehrleute mit der Art dieses Bewerbers umgehen können. Darum wirkt es positiv, dass er sich bemüht, diplomatischer zu agieren.

Zu Antwort 3: Diese Erklärung wirkt ebenfalls persönlich. Der Bewerber zeigt, dass er sich mit den unterschiedlichen Facetten des Berufs beschäftigt hat. Außerdem schlägt er eine Brücke zu seinen Lieblingsfächern. Naturwissenschaftliche Kenntnisse sind auf jeden Fall vorteilhat – nicht nur, um den Einstellungstest zu bestehen.

5.7.4 Fragen zur Allgemeinbildung

Häufige Fragen

1. „Wie viele Einwohner hat Hamburg?“
2. „Wer leitet die Feuerwehr in Hamburg?“
3. „Welche Aufgaben übernimmt die Feuerwehr?“
4. „Welches sind die Wahrzeichen der Stadt Hamburg?“
5. „Wie hoch ist die optimale ‚Schlagzahl‘ bei der Herzmassage zur Wiederbelebung?“

Gute Antworten

1. „1,8 Millionen Menschen leben in Hamburg. Frauen sind mit 51,05 % vertreten.“[7]
2. „Seit 2006 ist der Amtsleiter der Feuerwehr in Hamburg Oberbranddirektor Klaus Mauer. Zum 1. Oktober 2018 soll diese Stelle neu besetzt werden.“
3. „Zu den Aufgaben der Feuerwehr gehört der vorbeugende und abwehrende Brandschutz, der Rettungsdienst, die technische Gefahrenabwehr, der Kampfmittelräumdienst, die Bekämpfung von Gefahren für die Umwelt und die Mitwirkung im Katastrophenschutz.“
4. „Das mit Abstand bekannteste Wahrzeichen Hamburgs ist der Michel beziehungsweise St. Michaelis. Aber auch andere Bauwerke prägen inzwischen das Gesicht der Stadt wie zum Beispiel die Elbphilharmonie, die Köhlbrandbrücke und die Landungsbrücken.“
5. „Etwa 100 Mal pro Minute sollte das Herz komprimiert werden, um einen Blutkreislauf bei der Reanimation aufzubauen. Aber nicht nur der Rhythmus ist wichtig. Auch der Druck muss stimmen. Der Brustkorb muss fünf bis sechs Zentimeter tief eingedrückt werden.“

---

[7] Dey (2018): www.abendblatt.de/hamburg/article213132771/Nun-amtlich-Hamburg-hat-mehr-als-1-8-Millionen-Einwohner.html, abgerufen: 12.05.2018

Erklärung und Bewertung

Die Sachfragen sind alle korrekt beantwortet. Es kann selbstverständlich passieren, dass die Prüfer Rückfragen stellen und mehr in die Tiefe gehen. Darum solltest du dich über die Stadtgeschichte Hamburgs informieren. Auch was sich hinter den einzelnen Wahrzeichen verbirgt, solltest du in etwa beantworten können. (Weitere erwähnenswerte Wahrzeichen der Stadt sind die Elbbrücken, die Speicherstadt, der Fernsehturm, das Rathaus, die Museumsschiffe Rickmer Rickmers und Cap San Diego, die Alster, die Containerbrücken und das Mahnmal St. Nikolai in der Hamburger Altstadt.)

Feuerwehr Hamburg

- Jedes Jahr gehen ungefähr 2.000 Bewerbungen für den mittleren feuerwehrtechnischen Dienst ein.
- Ungefähr 500 Einladungen zum Einstellungstest werden verschickt.
- Nur ungefähr jeder 15. Bewerber kommt durch das Einstellungsauswahlverfahren.

Quelle: www.hamburg.de/contentblob/8448358/bea0777eef2ea5727bbd90d61f1e8806/data/d-ausbildungsbroschuere.pdf

5.7.5 Fragen zur Ausbildung und zum Berufsbild

Häufige Fragen

1. „Was wissen Sie über Ihre Wunschausbildung zum Werkfeuerwehrmann (IHK)?"
2. „Wie ist die Krankenversicherung für Sie als Brandmeisteranwärter geregelt?"
3. „Wo sind Brandmeister tätig?"
4. „Welche Perspektiven haben Sie nach Ihrer Ausbildung als Notfallsanitäter?"
5. „Was wissen Sie über die Hamburger Feuerwehr?"

Gute Antworten

1. „Die Ausbildung dauert insgesamt drei Jahre und besteht aus zwei Bausteinen, die jeweils 18 Monate dauern: Erst kommt eine handwerklich-technische Qualifizierung im Ausbildungszentrum-Bau in Hamburg. Dabei lerne ich Elektrotechnik, Sanitär, Holz- und Metallbau. Danach folgt die eigentliche Feuerwehrausbildung an der Feuerwehrakademie. Dort lerne ich Biologie, Chemie, Physik, Feuerwehrtechnik und Einsatztaktik. Außerdem werde ich zum Rettungssanitäter ausgebildet und erhalte eine Atemschutzträgerqualifizierung. Dazu absolviere ich Praktika an den Feuer- und Rettungswachen und in Krankenhäusern. Berufsschulunterricht gibt es ebenfalls: Dazu muss ich in die Berufliche Schule Gesundheit, Luftfahrt, Technik (BS 10) in Hamburg-Mitte."
2. „Als Brandmeisteranwärter bekomme ich während meiner Ausbildung Freie Heilfürsorge. Die Freie und Hansestadt Hamburg übernimmt meine ärztliche Versorgung. Hinterher bekomme ich als Feuerwehrbeamter die Heilfürsorge ‚Neu'. Dazu leiste ich einen Beitrag von ungefähr 1,4 % meines Grundgehaltes."
3. „Ausgebildete Brandmeister arbeiten an einer Feuer- und Rettungswache im Stadtgebiet. Dabei werden sie sowohl im Rettungsdienst als auch auf dem Löschzug eingesetzt. Im Rettungsdienst steht die Versorgung von Menschen im Vordergrund. Beispielsweise bei Unfällen oder Notsituationen wie einem Schlaganfall, einem Herzinfarkt oder schweren Verletzungen. Beim Brandschutz geht es um Löscharbeiten, angefangen von brennenden Müllcontainern über Wohnungen bis zur Eindämmung von Großbränden."
4. „Ich könnte mich im Anschluss zum Brandmeister ausbilden lassen. Damit würde ich in die Beamtenlaufbahn der Fachrichtung Feuerwehr wechseln. Anschließend hätte ich die gleichen Spezialisierungsmöglichkeiten wie Brandmeister und könnte zum Beispiel Taucher oder Höhenretter werden."

5. „Die Hamburger Feuerwehr gibt es seit dem 12. November 1872. Es ist die zweitgrößte in Deutschland. Ungefähr 2.500 Menschen sind bei der Feuerwehr beschäftigt. Im Jahr rückt die Feuerwehr zu mehr als einer Viertelmillion Einsätzen aus, 88 % im Rettungsdienst."

Erklärung und Bewertung

Zu Antwort 1: Der Bewerber ist umfassend informiert. Was noch erwähnenswert ist: Innerhalb der Ausbildung wird er einen LKW-Führerschein (Klasse C) erwerben. Voraussetzung dafür ist ein PKW-Führerschein. Diesen muss er bis zu Beginn des zweiten Ausbildungsabschnitts privat erworben haben.

Zu Antwort 2: Richtig: Krankenversicherungsbeiträge müssen nicht gezahlt werden. Das Versorgungsniveau entspricht nach Ende der Ausbildung dem der gesetzlichen Krankenversicherung mit Mehrleistungen. Für Brillen und Zahnersatz gibt es den doppelten Festzuschuss.

Zu Antwort 3: Es gibt Spezialisierungsmöglichkeiten nach der Ausbildung: Beispielsweise kannst du Teil einer Sondereinsatzgruppe werden und als Taucher, Höhenretter oder bei der Schiffssicherung tätig werden.

Zu Antwort 4: Richtig. Aber es gibt noch weitere Möglichkeiten, zum Beispiel eine Weiterbildung zum Fachlehrer, Leitstellendisponent oder Wachausbilder.

Zu Antwort 5: Informiere dich unbedingt ausgiebig zu der Wache, auf der du dich bewirbst. Es macht auf deine eventuell zukünftigen Kollegen einen guten Eindruck, wenn du umfassend informiert bist.

5.7.6 Stressfragen

Lass dich von Stressfragen nicht aus der Ruhe bringen. Wichtig ist nicht so sehr, was du sagst, sondern wie du antwortest. Bleibst du ruhig und souverän? Trittst du selbstbewusst auf? Kannst du dich unter Druck behaupten? (All das musst du bei der Feuerwehr im Alltag permanent leisten.)

Häufige Fragen

1. „Sind Sie diesem Job wirklich gewachsen?“
2. „Wie reagieren Sie, wenn Ihnen auf Arbeit etwas nicht gefällt?“
3. „Wie gehen Sie mit einem schwierigen Kollegen um?“
4. „Welche Anforderungen haben Sie an einen Vorgesetzten?“
5. „Wie gehen Sie mit einer schweren Situation/Erlebnis um?“

Gute Antworten

1. „Ja, ich traue mir den Job als Notfallsanitäterin auf jeden Fall zu: Ich bin belastbar, psychisch stabil und ich reagiere schnell. Gerade unter Stress laufe ich zur Höchstform auf. Ich arbeite im Moment in einem Wellenbad als Fachangestellte für Bäderbetriebe. Dabei habe ich schon den einen oder anderen Schwimmer aus dem Wasser geholt, als ihm die Kraft ausging.“
2. „Es kommt darauf an, was genau mir nicht gefällt. Falls es etwas ist, dass sich nicht ändern lässt, muss ich damit umgehen lernen. Es muss ja nicht immer alles nach meinen Wünschen ablaufen. Möglicherweise ist zum Beispiel der Urlaubsplan für mich nicht ideal, aber für meine Kollegen schon. Ich bin Single und habe keine Kinder. Da finde ich es völlig verständlich, wenn Kollegen mit Familie vorrangig während der Ferienzeiten selbst Urlaub bekommen. In dem Fall stecke ich selbstverständlich zurück. Bei anderen Problemen würde ich das Gespräch suchen.“
3. „Menschen sind unterschiedlich. Das muss man respektieren. Ändern kann man sowieso niemanden. Bei einem echten Konflikt würde ich ihn unter vier Augen darauf ansprechen und versuchen, eine Lösung mit ihm zusammen zu finden. Wir sind ja schließlich ein Team. Mit offenen Worten lassen sich Unstimmigkeiten am besten klären.“

4. „Ich wünsche mir einen Vorgesetzten, der alle Mitarbeiter fair behandelt. Er sollte kompetent und ein guter Anleiter sein. Schließlich möchte ich möglichst viel lernen."
5. „Über schwierige Erlebnisse, die mich wirklich belasten, spreche ich mit jemandem, der mich versteht. Früher in der Schule war das mein bester Freund, später bei meiner ersten Ausbildung ein Kollege. Wir saßen im selben Boot. Also verstand er mich sowieso immer am allerbesten. Sonst hilft mir Sport dabei, loszulassen, Stress abzubauen und meine Ausgeglichenheit wiederzufinden."

Erklärung und Bewertung

Zu Antwort 1: Die Bewerberin antwortet selbstbewusst. Sie bringt sofort ein passendes Beispiel und untermauert damit ihre Aussage. Sie lässt sich nicht verunsichern oder aus der Ruhe bringen.

Zu Antwort 2: Geschickt bringt der Bewerber hier seine Teamfähigkeit ein: Er denkt nicht nur egoistisch an seinen Vorteil. Er hat seine Kollegen und ihre Bedürfnisse ebenfalls im Blick. Bei Problemen das Gespräch zu suchen, ist nie verkehrt.

Zu Antwort 3: Dieser Bewerber geht in eine ähnliche Richtung. Er spricht den Teamgedanken direkt an und zeigt sich tolerant: Ihn schrecken schwierige Kollegen nicht ab. Andere Menschen akzeptiert er mit allen Eigenheiten so, wie sie sind. Eine gute Eigenschaft.

Zu Antwort 4: Mit dem Wunsch nach Fairness und Kompetenz bewegt sich der Bewerber auf der sicheren Seite. Beides kann man von einem Vorgesetzten problemlos erwarten. Der Kandidat unterstreicht zusätzlich seine Lernbereitschaft.

Zu Antwort 5: Strategien, um mit dem Stress fertig zu werden, sind wichtig. Mit Kollegen zu sprechen und die eigene Ruhe über Sport wiederzufinden, sind ein guter Anfang.

5.8 Interview mit Jannes

Bewerber für eine Ausbildung als Brandmeister

MH: Du möchtest unbedingt zur Feuerwehr. Was reizt dich an dem Beruf des Brandmeisters?

Ich glaube, die meisten Jungs wollen Polizist, Feuerwehrmann oder Pilot werden. Bei mir war es eben Feuerwehrmann. Auf alten Kinderfotos trage ich zum Fasching immer ein Feuerwehrmann-Kostüm. Das ist echt ein ganz alter Traum. Ich wollte nie einen Job, wo ich nur im Büro sitzen muss. Mir gefallen die Einsatzfahrten. Außerdem ist es ein Beruf, wo du sogar während der Arbeitszeit Sport treiben musst. Das finde ich klasse.

MH: Aber Büroarbeit kommt trotzdem auf dich zu.

Natürlich, ich muss Berichte erstellen, Einsätze vorbereiten und bestimmt auch organisatorische Aufgaben übernehmen. Das ist kein Problem, solange es nicht das Einzige bleibt.

Ich möchte einfach aktiv Menschen helfen. Wenn es irgendwo brennt, will ich eingreifen. Bei Unwettern will ich eben nicht nur am Fernseher verfolgen, wie andere helfen, sondern selbst zupacken. Bäume von der Straße holen, Menschen aus überschwemmten Häusern retten, Sandsäcke stapeln, Keller leerpumpen und all das.

MH: Welche Schulausbildung hast du gemacht?

Zehn Jahre Hauptschule. Ich habe die Schule mit dem Realschulabschluss verlassen. Dann habe ich eine dreijährige Ausbildung als Tischler gemacht, wurde hinterher übernommen und habe ein paar Jahre weitergearbeitet. Ich arbeite gern mit den Händen. Mit 19 war ich mit der Ausbildung fertig. Jetzt bin ich 22. Vor drei Jahren habe ich meine Freundin kennen gelernt. Dadurch habe ich meinen Traum ein wenig aus den Augen verloren. Aber nur vorübergehend. Jetzt will ich unbedingt Brandmeister werden.

MH: Wie steht deine Freundin dazu?

Sie findet das einerseits gut, aber sie hat auch Angst, dass mir etwas passiert. Trotzdem will sie mir nicht im Weg stehen. Wenn ich verbeamtet werde, haben wir eine gute finanzielle Grundlage. Das spielt auch eine Rolle, denke ich.

MH: Du warst ja schon zum Einstellungstest. Wie bist du zurechtgekommen?

Es war ganz in Ordnung: Den Anfang hat ein Diktat gemacht. Schreiben mussten wir aber nur einzelne Wörter. Das fiel mir relativ leicht. In Deutsch war ich immer ganz gut. Ich hatte allerdings auch die ganzen Regeln vorher wiederholt, denn ich hatte keine Ahnung, ob ich in der Schule überhaupt schon die neue Rechtschreibung gelernt habe oder noch die alte. Und ein paar Jährchen ist das ja auch schon her. Ich wollte nichts dem Zufall überlassen.

Bei den Rechenaufgaben kann ich nur sagen: Das war alles Schulstoff oder Rechenarten, die man sowieso im Alltag anwendet. Bruchrechnen, Prozentrechnung und den Dreisatz sollte man können. Vom Niveau her fand ich es ähnlich wie den Unterricht in der Berufsschule. Ach ja, gerechnet wird ohne Taschenrechner. Schriftliches Rechnen sollte man unbedingt können. Logisches Denkvermögen und Physik hatte ich vorher mit einem Buch geübt. Ich habe mir extra eines mit Tests speziell für Feuerwehr und Polizei geholt.

Physik ist etwas, das man echt wiederholen sollte, wenn man länger aus der Schule raus ist. Ist aber machbar. Man weiß ja vorher, dass das drankommt. Wer Brandmeister werden will, braucht wenigstens einen Hauptschulabschluss und eine Ausbildung. Davon kann man ableiten, wie viel Wissen die Bewerber haben müssen. Bis Klasse 10 muss der Stoff sitzen. Das reicht an sich.

MH: Und der Sporttest?

Der hat es in sich. Das war echt hart. Ich habe viel trainiert vorher. Aber als es dann drauf ankam, war ich so nervös, dass ich viel schlechter war als beim Üben. Das Laufen ging noch. Aber der Parcours mit den Kästen und die Liegestütze hatten es in sich. Als ich dann diese Aufgabe mit dem Übergriff machen musste, dachte ich, ich schaffe es nicht. Es hat aber zum Glück gereicht.

MH: Wie hast du dich auf das Vorstellungsgespräch vorbereitet?

Das habe ich im Kopf zigmal durchgespielt. Ich habe überlegt, was ich zu meinen Stärken und Schwächen sagen kann. Bei Stärken wollte ich erst meine Sportlichkeit anbringen. Aber so gut fand ich mich bei dem Sporttest nicht. Also habe ich gesagt, dass ich Verantwortungsbewusstsein habe und etwas für die Gesellschaft leisten will. Außerdem packe ich gern zu. Ich bin ein Macher. Ich bin ja schon ewig bei der Freiwilligen Feuerwehr. Dadurch konnte ich etliche Beispiele nennen. Das Vorwissen, das ich dadurch über die Feuerwehr habe, hat den Prüfern übrigens gut gefallen.

MH: Und was hast du als Schwächen genannt?

Dass ich mehr für meine Fitness tun muss. Ich habe gesagt, dass ich mich besser eingeschätzt habe und enttäuscht von meiner Leistung beim Test war. Das stimmt auch.

MH: Welche Fragen wurden noch gestellt?

Viele einfache Dinge: Welche Aufgaben hat ein Brandmeister? Wie lange dauert meine Ausbildung und was genau muss ich da machen? Wie sieht der Alltag aus? Außerdem hatte ich viel Raum, um zu erklären, wie ich zu meinem Traumberuf gekommen bin.

Im Nachhinein denke ich, dass sie keine Bewerber annehmen, die sich kaum mit diesem Beruf beschäftigt haben. Das gibt es auch. Kein Witz. Manche gehen da ganz blauäugig hin. Gerade die ganz Jungen frisch von der Schule waren kaum vorbereitet. Ein Schwung war nach dem ersten Teil des schriftlichen Tests schon aussortiert. Einige schafften den Sporttest nicht. Die hatten sich das viel zu leicht vorgestellt. Einigen hat einer der Prüfer hinterher direkt zu verstehen gegeben, dass sie sich nicht nochmal bemühen müssen.

5.9 Anhang

5.9.1 Muster-Vorlagen Anschreiben

Sarah Muster
Musterweg 60
12345 Musteringen
steffenmuster@mailanbieter.de

Feuerwehr Hamburg
Personalauswahlzentrum
Westphalensweg 1
20099 Hamburg

Musteringen, 24.06.20XX

Bewerbung für die Ausbildung NOTSAN, Sarah Muster zum 1. August 20XX
Ihre Stellenausschreibung auf www.hamburg.de/notfallsanitaeter/

Sehr geehrte Frau Ansprechpartnerin,

ich möchte den verantwortungsvollen Beruf der Notfallsanitäterin ergreifen, weil ich Menschen in Notsituationen beistehen möchte. Aufgrund meines großen Interesses an Medizin bin ich sicher, dass dieser Beruf genau das Richtige für mich ist.

Zurzeit besuche ich 10. Klasse der Realschule in Fantasiestadt. Nächstes Jahr im Juni werde ich die Schule voraussichtlich mit dem erweiterten Sekundarabschluss I (Mittlere Reife) beenden. Mein aktueller Notendurchschnitt liegt bei 2,0. Meine leistungsstärksten Fächer sind Biologie (Note: 1), Physik (Note: 2) und Sport (Note: 1).

Mein dreiwöchiges Schulpraktikum habe ich letztes Jahr im Albert-Schweitzer-Krankenhaus in Musterstadt absolviert. Dabei habe ich bei Patienten den Puls, Blutdruck und die Temperatur gemessen sowie Essen ausgegeben. Während der Herbstferien habe ich ein freiwilliges zweiwöchiges Praktikum beim Roten Kreuz absolviert, wodurch ich einen ersten Einblick in den Alltag einer Notfallsanitäterin bekommen habe: Ich durfte bei Einsatzfahrten mit dabei sein.

Außerdem besitze ich einen Erste-Hilfe-Schein und das deutsche Jugendschwimmabzeichen in Silber. In meiner Freizeit engagiere ich mich in der DLRG Jugend. Ich organisiere und begleite Ausflüge und Zeltlager mit bis zu 80 Kindern. Dabei stelle ich meine Verantwortungsbereitschaft und Stressresistenz regelmäßig unter Beweis.

Auf die Gelegenheit, Sie bei einem Eignungstest von mir und meinen Fähigkeiten zu überzeugen, freue ich mich sehr.

Mit freundlichen Grüßen

Sarah Muster

Mikael Muster
Mikael Muster | mikaelmuster@t-online.de | Musterplatz 1, 12345 Musterstadt

Feuerwehr Hamburg
Personalauswahlzentrum
Westphalensweg 1
20099 Hamburg

Musterstadt, 6. Juni 20XX

Bewerbung als Brandmeisteranwärter im mittleren feuerwehrtechnischen Dienst
Unser Telefonat vom 19. April 20XX

Sehr geehrte Frau Ansprechpartnerin,

ich bin 26 Jahre alt und ausgebildete Fachkraft für Schutz und Sicherheit mit fünfjähriger Berufserfahrung. Überwiegend bin ich in einem Zweierteam im Personen- und Objektschutz sowie bei Großveranstaltungen in Musterstadt tätig. An Schichtarbeit und das Tragen von Schutzkleidung bin ich gewöhnt.

Von der Ausbildung zum Brandmeister bei der Feuerwehr Hamburg erhoffe ich mir eine neue Herausforderung. Ich schätze Teamarbeit und gehe gern an meine Leistungsgrenzen. Außerdem reizt es mich, körperlich, geistig und seelisch in diesem vielfältigen Beruf gefordert zu sein.

An handwerklichen und technischen Tätigkeiten habe ich ebenfalls viel Freude: Ich installiere und warte unter anderem Alarm- und Videoüberwachungsanlagen bei Privatpersonen.

Einsatzbereitschaft, hohe Belastbarkeit und Stressresistenz bringe ich mit. Ich bin zuversichtlich, den hohen Anforderungen des Berufs gewachsen zu sein: In meiner Freizeit laufe ich Marathon und gehe dreimal wöchentlich ins Fitnessstudio.

Gerne stelle ich mich dem Eignungstest und Ihren Fragen in einem persönlichen Gespräch.

Mit freundlichen Grüßen nach Hamburg

Mikael Muster

5.9.2 Quellenangaben

Behörde für Inneres und Sport: Ausbildung Feuerwehr. Ausbildung zur Notfallsanitäterin / zum Notfallsanitäter: www.hamburg.de/notfallsanitaeter/, abgerufen: 01.06.2018

Behörde für Inneres und Sport: Vorbereitung auf den Test. Einstellungstest bei der Feuerwehr Hamburg: www.hamburg.de/feuerwehr/ausbildung-feuerwehr/3243934/einstellungstest-feuerwehr/, abgerufen: 30.05.2018

Dey (2018): Nun amtlich: Hamburg hat mehr als 1,8 Millionen Einwohner: www.abendblatt.de/hamburg/article213132771/Nun-amtlich-Hamburg-hat-mehr-als-1-8-Millionen-Einwohner.html, abgerufen: 12.05.2018

Feuerwehr-Einstellungstest: www.einstellungstest-feuerwehr.de, abgerufen: 16.05.2018

Feuerwehr Hamburg: www.hamburg.de/feuerwehr/, abgerufen: 31.05.2018

Feuerwehr Hamburg: 112 % jeden Tag. Voller Einsatz bei der Feuerwehr Hamburg: www.hamburg.de/contentblob/8448358/bea0777eef2ea5727bbd90d61f1e8806/data/d-ausbildungsbroschuere.pdf, abgerufen 16.05.2018

Personalamt: Allgemeine Hinweise. Bewerbung bei der Feuerwehr Hamburg: www.hamburg.de/ausbildung-feuerwehr/3315608/bewerbung-ausbildung-feuerwehr, abgerufen: 16.05.2018

Roter Hahn Hamburg e.V.: www.roterhahn-feuerwehrhamburg.de, abgerufen: 12.05.2018

Statista: Statistiken zur Feuerwehr in Deutschland: de.statista.com/themen/4308/feuerwehr-in-deutschland/, abgerufen: 12.05.2018

Online-Trainings und Support

Plakos Online-Bewerber-Training

Wir bieten für besonders motivierte Bewerber ein spezielles Online-Bewerber-Training auf www.plakos-akademie.de an.

Im Online-Bewerber-Training kannst du über 50 verschiedene Testtypen und über 1.000 Fragen und Aufgaben online direkt in deinem Browser üben. Das Programm funktioniert auf jedem internetfähigen Endgerät – also auch auf deinem Smartphone!

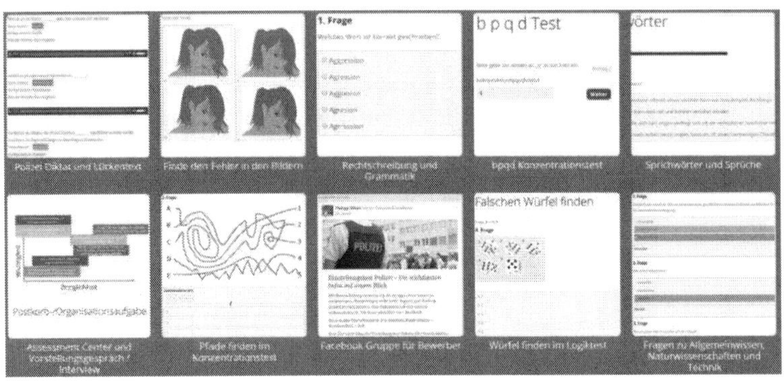

Im Mitgliederbereich stehen dir über zwei Stunden an Videomaterial speziell zu den Themen Vorstellungsgespräch und Assessment Center zur Verfügung.

Selbstverständlich zeigen wir dir für jeden Test und jede Lektion einen Fortschritt an und setzen einen Haken, wenn du eine Aufgabe bereits bearbeitet hast. So kannst du jederzeit deinen eigenen Lernerfolg überprüfen.

Tausende Bewerberinnen und Bewerber trainieren jährlich mit unseren Online-Trainings, um anschließend mit mehr Selbstbewusstsein und Wissen in ihr Auswahlverfahren zu gehen. Nachfolgend findest du einige Kundenstimmen zu unseren Programmen und Videos.

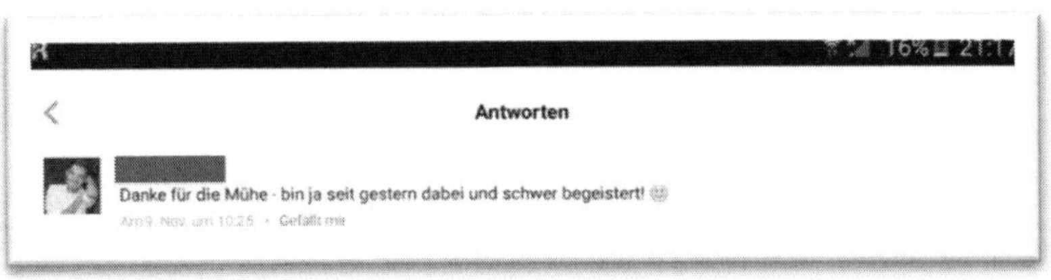

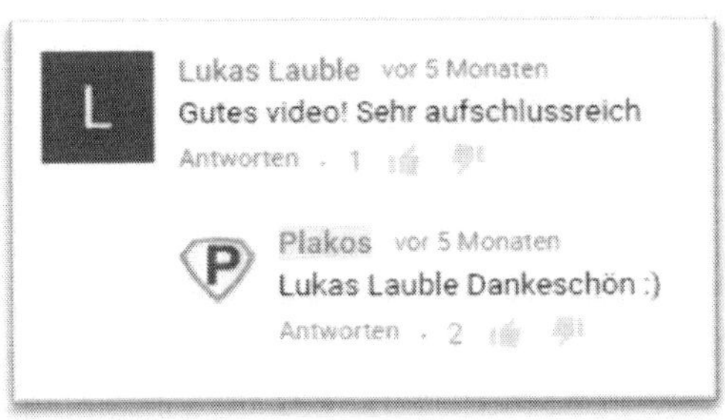

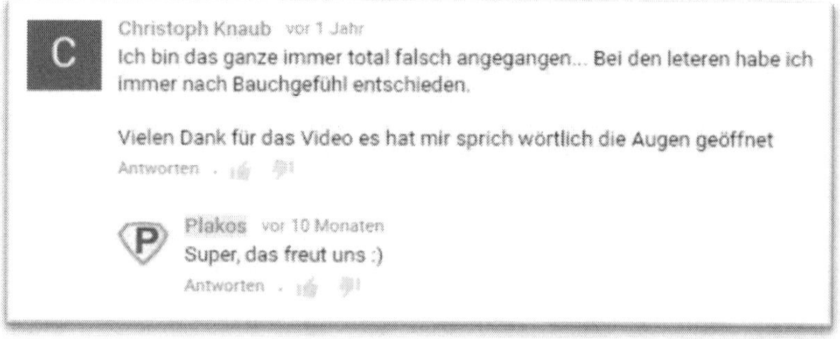
C
Christoph Knaub vor 1 Jahr
Ich bin das ganze immer total falsch angegangen... Bei den leteren habe ich immer nach Bauchgefühl entschieden.

Vielen Dank für das Video es hat mir sprich wörtlich die Augen geöffnet
Antworten · 1 1

Plakos vor 10 Monaten
Super, das freut uns :)
Antworten · 1 1

„Ich habe den Computer-Test erfolgreich absolviert und ohne Probleme bestanden. Danke liebes Plakos Team!“

Lenja, Bewerberin

Da du bereits dieses Buch erworben hast, möchten wir dir an dieser Stelle einen Gutschein für unsere Online-Programme in Höhe von 17 Euro schenken.

Die folgende Kurzanleitung beschreibt dir, wie du den Gutschein einlösen kannst:

1. Öffne den Browser auf deinem Smartphone, Tablet oder deinem Desktopcomputer.
2. Gebe die folgende URL in die Adresszeile ein: www.plakos-akademie.de
3. Wähle ein zu dir passendes Online-Trainingsprogramm.
4. Gib am Ende des Bestellprozesses den folgenden Gutscheincode ein (ohne Anführungszeichen):

Gutscheincode: „**BuchRabatt17**"

Bitte beachte, dass der Gutscheincode erst ab einem Bestellwert von 30 Euro genutzt werden kann. Alle weiteren Informationen findest du auf der genannten Website.

Mit diesem Buch erhältst du außerdem kostenlos vollen Zugriff auf die Plakos-Einstellungstest-App. Du findest die Download-Links für iOS und Android auf www.plakos-akademie.de/app. Dein Zugangscode: 794381

Bei Fragen kannst du gerne eine E-Mail an phil@plakos.de senden oder uns über WhatsApp unter +49 (0)172 633 63 96 kontaktieren.

Support

Wenn du bis hierhin das Buch durchgearbeitet hast, bist du auf dem besten Weg, dein Bewerbungsverfahren erfolgreich zu bestehen. Jetzt geht es nur noch darum, Ruhe zu bewahren und fokussiert zu bleiben.

Falls du Fragen oder Anregungen zu diesem Buch hast, kannst du uns gerne eine E-Mail an phil@plakos.de schreiben oder uns über WhatsApp unter +49 (0)172 633 63 96 kontaktieren.

Wenn du mit unserem Buch zufrieden bist, würden wir uns sehr über eine Weiterempfehlung oder eine positive Bewertung freuen. Das würde uns wirklich viel bedeuten.

Wenn du negatives Feedback für uns hast, dann schreib uns am besten eine E-Mail und wir werden alles dafür tun, eine Lösung für das Problem zu finden.

Wir wünschen dir nur das Beste für deine berufliche Zukunft und drücken dir ganz fest die Daumen!

Herzliche Grüße
Michaela Hövermann, Philipp Silbernagel und Waldemar Erdmann

Bonus: Informative Online-Inhalte und Communities

Hunderte kostenlose Online-Tests

www.plakos.de

Online-Trainings und weitere Informationen

Verschiedene Berufe

www.plakos-akademie.de

Öffentlicher Dienst

einstellungstest-oeffentlicher-dienst.de

Polizei (Deutschland)

www.eignungsauswahlverfahren.de

Polizei (Österreich)

www.aufnahme-polizei.at

Bundeswehr

www.bundeswehr-einstellungstest.de

Zoll

www.zoll-einstellungstest.de

Feuerwehr

www.einstellungstest-feuerwehr.de

Facebook-Gruppen

Polizei- und Zoll-Einstellungstest

www.facebook.com/groups/polizeieinstellungstest

Bundeswehr-Einstellungstest

www.facebook.com/groups/bundeswehreinstellungstest/

Feuerwehr-Einstellungstest

www.facebook.com/groups/einstellungstestfeuerwehr/

Printed in Great Britain
by Amazon

44359810R00136